事例に学ぶ
Q-U式学級集団づくり
のエッセンス

集団の発達を促す
学級経営

小学校
低学年

［監修］
河村茂雄

［編］
粕谷貴志
佐藤節子
岩田和敬
浅川早苗

図書文化

まえがき

　今年も，全国で行われた教員研修会に，講師として数多く参加させてもらいました。研修会のテーマは，「学力向上」「いじめや不登校問題の予防」「通常学級での特別支援教育の推進」などが主でしたが，私は教育活動の基盤となる学級集団の育成を中心とした「学級経営」について講義させてもらいました。なぜなら学級経営は，教科教育と生徒指導や教育相談などのガイダンス機能を統合し，学級という集団を単位として指導を行っていく，教育活動の総体だからです。

　日本の学校教育は，学級という集団のなかで，児童生徒の学び合い・かかわり合いを通して，個々の人格と社会性，学力を育成していく面を強くもっています。したがって，教育力の高い学級集団を育成するスキルとストラテジーをもてるかどうかは，これからの教師の指導力を左右していくことになると思います。

　ところが，学級経営はすべての教育実践の基盤をなすといわれてきたにもかかわらず，教師たちは学級集団の育成を含めた学級経営の展開について，体系的な理論とそれを具現化するスキルを学んではきていません。教員養成課程でもそのような科目は修めておらず，各々が実践のなかで「自己流」に身につけたというのが現実です。そのため，教師たちの多くは，自分も周りもだいたい同じような学級経営をしているだろうと思っているかもしれません。しかし，そこには大きな違いがあるのです。

　私は1995年に学級集団分析尺度「Q-U (QUESTIONNAIRE-UTILITIES)」を開発し，2011年度には，Q-Uは全国で300万人を超える児童生徒に使われるようになりました。これらのQ-Uのデータから，学級集団の状態の如何が，児童生徒の学力の定着の度合い，いじめの発生率にも大きな影響を与えることが証明され，多くの学校・学級で，よりよい学級集団の育成をめざして，Q-Uを活用した開発的な取組みが行われるようになりました。

　さらに，Q-Uの多くのデータの分析から，良好な教育成果をあげている学級では，集団の形成過程に類似点が多いことが整理されてきました。以前とは変わったといわれる現代の児童生徒に対して，一定以上の教育効果をあげるためには，「必要条件」ともいえるような，学級経営の考え方と方法論があることがわかってきたのです。

　私は，すべての教育実践の基盤となる「学級集団づくり」を，どのような状態を目標に，どのような方法で進めていけばよいのかを研究し，提案してきました。その骨子をまとめたのが『学級集団づくりのゼロ段階』，学年ごとの学級経営の展開を具体的に解説したのが，『Q-U式学級づくり』（小学校編3分冊，中学校編）（ともに図書文化社刊行）です。

　そして，これらの一連の流れを受けて，学級経営のスペシャリストの先生方が行った一年間の学級経営のエッセンスを本書にまとめました。私が考える「学級経営のス

ペシャリスト」とは，教室に集った児童生徒を学び合う・支え合う集団に計画的に育成できる，それも，自分の一つの成功実践に固執するのではなく，多様な方法をもち，現状からもっとも適切な方法を選択しながら実践できる先生です。

　そのようなスペシャリストの先生方が，自分の受けもった学級の児童生徒や集団の実態をどのように理解し，どのレベルを目標にして，どのような対応をしたのか，むずかしさは何だったのか，そしてそのときの教師自身の感情はどのようなものだったのかということも含めて，それぞれの学級経営の実際を公開してもらいました。したがって本書には，学級経営で押さえておかなければならないツボや，多くの先生方が実際に学級経営を展開していくうえで参考になる点が，たくさん詰まっていると思います。

　本書が，一つ一つ異なる教室で試行錯誤されている多くの先生方の，よりよい学級経営を展開するうえでの，たたき台になれば幸いです。

　　2012年　晩夏

早稲田大学教育・総合科学学術院教授
博士（心理学）　河村茂雄

集団の発達を促す学級経営 ［小学校低学年］
CONTENTS

まえがき …… 2

本書の見方 …… 6

理論編【りろんへん】

第1章 学級経営に「学級集団育成」の視点が必要となった理由
  第1節 学級経営の今日的課題 …… 10
    教育環境として不適切な学級集団の問題
    学級集団育成の方法論の揺らぎ
    学級経営に関する教師相互の伝承の衰退
    学級経営を教師間で検討する方法論のあいまいさ
  第2節 これからの学級経営に求められること …… 13
    学級集団制度の理解と方法論の獲得
    学校経営に位置づいた学級経営と教師間のチーム連携の必要性

第2章 学級集団育成の進め方
  第1節 学級集団育成の進め方の基本的な枠組み …… 16
    教師が学級経営に取り組む流れ
    理想の学級集団（満足型学級集団）の状態
    学級集団の発達過程
    学級集団の各発達段階間の葛藤
    近年の学級が抱えるむずかしさへの対応
  第2節 教師間で行う学級経営の検討会のあり方 …… 26
    K-13法による学級経営の検討会の実際
  第3節 小学校低学年の学級経営の難点と対応のポイント …… 30

コラム 低学年の心理・社会的な発達段階と集団の発達段階 …… 32
    「気になる児童」への全体のなかでの個別対応 …… 151

事例編【じれいへん】

第3章 学級集団づくりの事例

事例1．小集団成立過程に葛藤がみられた事例［第1学年］…… *36*

入学への不安を抱えた児童が多い学級　～安心感を育てるスタートカリキュラムの事例
【キーワード】1年生，幼保未就学，登校への不安，校内支援委員会

【事例解説1】49

事例2．小集団成立過程に葛藤がみられた事例［第1学年］…… *50*

乱暴な児童による影響が深刻な学級　～荒れ始めの1年生で集団を形成した事例
【キーワード】1年生，学級35人，外遊び，個別支援，学習困難

【事例解説2】63

事例3．小集団成立過程に葛藤がみられた事例［第2学年］…… *64*

特別支援の必要な児童が多い学級　～「個別支援」と「集団づくり」を両輪に学級経営に取り組んだ事例
【キーワード】2年生，発達障害，「個別支援」と「受容的な集団づくり」

【事例解説3】77

事例4．小集団成立過程に葛藤がみられた事例［第2学年］…… *78*

進級でルールにゆるみが生まれた学級　～教師の参加的リーダーシップでルールの内在化に取り組んだ事例
【キーワード】2年生，学級目標の設定，定期的な班替え，係や当番の活動の充実

【事例解説4】90

事例5．中集団成立過程に葛藤がみられた事例［第1学年］…… *92*

発達の個人差が大きな学級　～「ハッピークラス」を合い言葉に，まとまりを形成した事例
【キーワード】1年生，特別支援を取り入れた指導，学級通信，読み聞かせ

【事例解説5】106

事例6．中集団成立過程に葛藤がみられた事例［第1学年］…… *108*

ルールの定着に時間がかかった学級　～ルールを守れない児童を悪者にしない取組みの事例
【キーワード】1年生，特別支援，保護者が外国籍の児童

【事例解説6】121

事例7．中集団成立過程に葛藤がみられた事例［第2学年］…… *122*

やや荒れぎみの状態からスタートした学級　～孤立化，固定化した人間関係を転換させた事例
【キーワード】2年生，学級編制替えなし，グループ活動，認め合い，班長体験

【事例解説7】135

事例8．中集団成立過程に葛藤がみられた事例［第2学年］…… *136*

リレーションの形成がむずかしい学級　～「なかよしスキルタイム」と学び合いの授業でかかわりを促進した事例
【キーワード】2年生，学級編制替えなし，ソーシャルスキルの学習，リーダー体験

【事例解説8】150

あとがき …… *153*

本書の見方

集団の成熟度を手がかりに学級経営を読む

○事例編（第3章）では，集団の発達過程に即した継続的な学級集団づくりの取組みの事例を，PDCAサイクルを踏まえて，示しています。右ページの図「集団づくりの経過例」のように，各学級の集団づくりの経過は一様ではありません。学級がどの段階からスタートし，どの段階まで進んだかを各事例の冒頭に数値化して示してあります。

○各事例末には，編者による事例解説があります。「この事例のむずかしさは何か」「参考になる実践はどれか」「改善点はどこか」「事例から得られるエビデンスは何か」など，事例を読み解く参考になるでしょう。

○集団の成熟度は，「ルール」と「リレーション」の確立具合で決まります。よって，各学期の計画と評価は，「ルール」と「リレーション」の視点で示しています。

○学級集団が成熟の次の段階へ進むのに苦労しやすいポイントがあります。その成熟と退行の分かれ目を，「小集団成立過程の葛藤」「中集団成立過程の葛藤」「自治的集団成立過程の葛藤」の3パターンで示しています（右ページの図参照）。

○各事例には，Q-Uの学級満足度尺度に基づくプロットを示してあります。網掛けは，集団状態（参考p.17）を表しています。点については，◆が男子，●が女子を表していますが，学級全員のプロットは掲載していません。

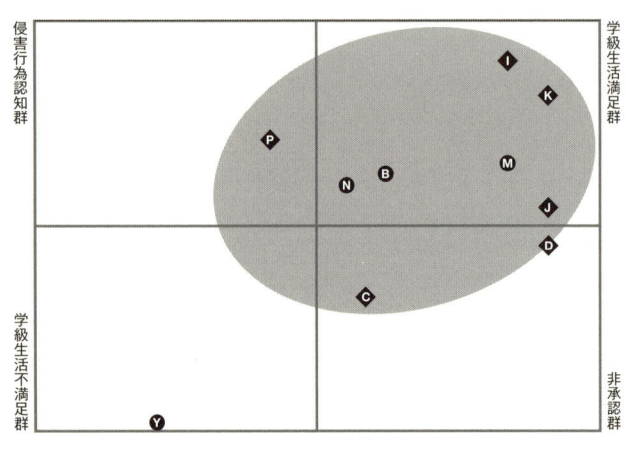

プロット図（サンプル）

○児童の名前はすべて架空のものです。また，掲載事例およびQ-Uのプロット図は，プライバシー保護のため，事例の趣旨が損なわれない範囲で，脚色を加えています。

「集団の発達過程」と各段階の目安			集団づくりの経過例		
			A学級	B学級	C学級
■学級崩壊	ほとんどの児童生徒が非建設的に行動している。担任に反抗する児童生徒が多く、担任の指示が通らない。	退行 ↑ −3 集団が拡大し先生に反抗する			
■崩壊中期	半数近くの児童生徒が非建設的に行動している。グループどうしの対立が起こり、トラブルが多い。	−2 4〜6人の小集団が反目し合う	●(4月)		
■崩壊初期	非建設的な小グループが学級をかき回している。小さなトラブルで傷つく児童生徒がいる。	−1 一人一人の人間関係が切れる			
■混沌・緊張期	学級内のルールは定着していない。児童生徒どうしの交流は少なく、身近な人とくっついている。	1		●(4月)	
小集団成立過程の葛藤		4〜6人の小集団で活動できる			
■小集団成立期	3〜4割の児童生徒が建設的に行動している。仲のよいどうしの交流は活発だが、仲間内に閉じている。	2			●(4月)
中集団成立過程の葛藤		10人の中集団で活動できる			
■中集団成立期	半数以上の児童生徒が建設的に行動している。統合されたグループで建設的な役割交流ができる。	3	▼(3月)	▼(3月)	
自治的集団成立過程の葛藤		中集団がつながり全体がまとまる			
■全体集団成立期 ■自治的集団成立期	ほとんどの児童生徒が建設的に行動している。学級全体に児童生徒どうしの交流が広がっている。	4 ↓ 成熟			▼(3月)

学級集団の発達過程と事例の対応関係

理論編 【りろんへん】

第1章 学級経営に「学級集団育成」の視点が必要となった理由

第2章 学級集団育成の進め方

第1章
学級経営に「学級集団育成」の視点が必要となった理由

第1節 学級経営の今日的課題

教育環境として不適切な学級集団の問題

　日本の学校教育の特徴は，児童生徒の教育を教師が「統合的」に行う点にあります。統合的とは，①学習指導と生徒指導（ガイダンス・カリキュラム）を，②最低一年間メンバーが固定された学級集団を単位として，③一人の学級担任の教師を指導者として，④協同の生活や活動体験（授業も含む）を通して，展開していくという意味です。つまり，日本の学校では，「学習指導」と「生徒指導」が統合され，相関高く展開されていくのです。

　この学級集団制度を基盤とした学校教育のシステムは，戦後日本の経済成長とともに高く評価されました。1980年代まで日本は，児童生徒の数学や理科教育の水準を国際比較した調査でも，常にトップレベルにあったのです。しかし現在，世界のなかで，日本の児童生徒の学力水準は低下しています。また，不登校やいじめの問題も，依然として改善が進んでいません。日本の学校教育は，児童生徒の学力面と生徒指導面の両面に問題を抱えているのです。

　この背景には，学級集団を基盤とした学校教育のシステムが，以前のように機能しにくくなってきたという側面があると考えられます。そのため，学級経営がうまくいかない，学級集団を単位とした授業や活動が良好に展開できないなどの現象が全国の教室で表面化し，多くの教師たちを悩ませているのです。このような「教育的環境として不適切な学級集団」の問題を表す状況として，次の二つの現象があります。

（1）学級崩壊

　1990年代半ばから，いわゆる「学級崩壊」の現象がマスコミに取り上げられ，社会問題となりました。旧文部省も1998年に「学級経営研究会」を立ち上げ，「学級がうまく機能しない状況」を，「児童生徒が教室内で勝手な行動をして教師の指導に従わず，授業が成立しないなど，集団教育という学校の機能が成立しない学級の状態が一定期間継続し，学級担任による通常の手法では問題解決ができない状態に立ち入っている場合」と定義して実態把握を行い，問題発生の複合性とともに，代表的な10の学級のケースとその対策を示しました。さらに2006年には，全国連合小学校長会が，学級崩壊の状態にある学級の割合は小学校の8.9％にのぼることを報告しました。

　これは，近年のいじめ問題，学力問題などの背景に，学級集団が児童生徒にとって教育的な状態になっていないという現状があること，そしてそのような状況が，すで

に少なくない比率で起こっていることを表しています。

学級集団が教育的環境になっていないという状況は，日本のように「学級」を一つの単位として集団で教育を行う場合，教育活動の基盤を揺るがす深刻な問題です。

（2）教育環境として低いレベルの状態の学級集団

日本の学級集団制度のもとでは，児童生徒一人一人の学習過程は，学級集団の状態からも強く影響を受けます。例えば，学級崩壊までいかなくても，児童生徒が相互に傷つけ合い，互いに防衛的になっている状態の学級集団と，互いに建設的に切磋琢磨するような状態の学級集団では，教育環境として雲泥の差があり，学習意欲や友人関係形成意欲，学級活動意欲に大きな違いが生じるのです。

これについて河村・武蔵は，小中学校の220学級を対象に調査を行い，学級集団の状態が児童生徒の活動に有意な影響を与えることを明らかにしました（河村茂雄『データが語る①学校の課題』図書文化）。そして，児童生徒のあいだに一定のルールと良好な人間関係が同時に確立している集団（満足型学級集団）では，学級崩壊はしていないが，ルールの定着の低い学級（ゆるみのみられる学級集団）や良好な人間関係が形成されていない学級（かたさのみられる学級集団）と比較して，いじめの発生数が少ないうえ，学習の定着率が高いことを指摘しました。

教育環境として低いレベルの学級集団の問題は，だれの目にも明らかな学級崩壊の問題とは違って，担任教師が意識して取り上げていかないかぎり，問題として表面化してくることはまずありません。ここに，この問題の深刻さがあるといえます。

学級集団育成の方法論の揺らぎ

学級集団制度という特徴的なシステムをもちながら，日本の大学の教職課程には，「学級経営」という独立した単位の授業はありません。「学級経営」の技能は，教育実習の過程で習得されることになっているのです。そのため，「学級経営」は，現場の教師たちの日々の実践によって練り上げられてきた側面があります。

1970年代までの学校現場では，全国生活指導研究協議会に所属する教師・研究者が，ソビエトのマカレンコらの教育理論を摂取し，日本の社会と教育の現実に適うように発展的に体系化した「学級集団づくり」が，生活指導の一体系として盛んに実践されていました。しかし，「学級集団づくり」に関する実証的研究はあまりに少なく，そのことが実践自体への批判につながっていきました（根本，1981）。さらに，「ゆとり」をキーワードとした1977年（昭和52年）版学習指導要領が実施されると，その流れが2007年（平成19年）まで続くなかで，取組みは衰退していきました。

1990年代からは，構成的グループエンカウンターなどの実践が全国に広まり，「グループアプローチ」を学級内の人間関係づくりに取り入れる試みが始まりましたが，新たな学級経営のパラダイムとなるにはいたりませんでした。

そして2010年代の今日，「学級集団を育成する」という観点から「学級経営」の大切さが再び注目されていますが，どのような学級集団の形成をめざすのか，教育にどのように集団を生かすのか，学級集団が形成される各段階においてグループアプロー

チをどのように活用するのかなどの具体的な方法論が，学校現場ではまだあいまいなままにされているのではないでしょうか。

学級経営に関する教師相互の伝承の衰退

　中央教育審議会は，教師として最小限必要な資質能力を確実に養成するため，教職課程の必修科目として，「教職実践演習」を新たに設置するよう求めました（2006答申）。このなかには，教員の資質に関するものの一つとして，「幼児児童生徒理解や学級経営等に関する事項」が盛り込まれました。今後は，学級経営についての力量を，教員志望者に対して，教員養成の段階から，確実に身につけさせることが求められるようになったのです。

　これまで，学級集団育成を含む学級経営の方法論を教師が習得するには，自分が子どもだったころの学級の記憶をたぐり寄せたり，短期間の教育実習での経験をもとにしたり，学校現場に出てから周りの先輩教師たちのやり方を垣間みてのモデル学習をしたり，先輩教師からインフォーマルな場で指導を受けたりするというやり方が主でした。つまり，実際に学校現場に出てから，教師一人一人が「自己流」で腕を磨くしかなかったといっても過言ではなかったのです。

　しかし，多忙感に包まれている昨今の学校現場では，先輩教師たちから若い教師たちに学級集団育成の方法論を伝承していくことは，とてもむずかしくなっています。学級経営についての力量を，大学の教員養成の段階から高めていくことが強く求められるようになってきた背景には，従来のような教師相互の学び合いの機能が失われてきたという側面もあります。

学級経営を教師間で検討する方法論のあいまいさ

　学級経営の方法論に対する揺らぎがみられる学校現場で，自分の学級経営に悩む教師は少なくないと思います。しかし，学級の問題を多くの教師と一緒に検討し合ったり，アドバイスをし合ったりすることには，むずかしさが伴います。

　担任教師へのコンサルテーションがむずかしい理由の一つとして，学級経営という営みがもつ，その「多様さ」と「複雑さ」があげられます。同時進行でさまざまなことが起こっている学級集団のなかで，教師の一つ一つの対応が，学級経営全体に対してどのような作用を及ぼしたかということは，とても検証しづらいのです。

　また現状では，だれもが強く支持するような学級集団育成に関するパラダイムが乏しいため，教師によってどのような学級集団の状態をよしとするのかがバラバラです。このような状態のなかでは，それぞれの教師がもつ価値観がぶつかりあいやすく，事例を検討するときにも，感情論に走ったり相互批判になったりして，建設的な話し合いを展開することがむずかしくなります。そのため，多くの学校現場では，ほかの教師の学級経営について言及するのはタブーな雰囲気があるのではないでしょうか。

　1990年代半ばころから，学級崩壊の問題とともに学級経営に関する事例検討会のニーズが高まってきましたが，このようなむずかしさは長く続いてきたと思われます。

第2節 これからの学級経営に求められること

学級集団制度の理解と方法論の獲得

　第1節で述べたように，日本の学校教育は，学級集団制度を基盤としたシステムに支えられてきました。しかし現在は，さまざまな要因からこのシステムがうまく機能しなくなってきており，さまざまな教育問題の背景に「教育環境として不適切な学級集団」の問題が見え隠れしています。

　学級集団制度の是非を問う議論はありますが，少なくとも次の学習指導要領の改訂がある10年後まで，このシステムが変わることはありません。ならば，いま私たちにできることは，どのようにすればこの日本の学級集団制度のシステムをよりよく機能させることができるのか，この点に全力を尽くすことではないでしょうか。

　そのためには，教師たちが「日本の学級集団と学級経営」の特徴について理解すること，「学級集団育成を含めた学級経営の方法論」を獲得することが不可欠です。教育実践を支える土台として，学級経営に関する理論と方法論を，教師たちが体系的・具体的に学べる研修が切に必要だと思います。

　このような学校現場のニーズに応えるため，私は次のような研究を続けてきました。

---
①教師たちが目標とすべき学級集団の状態と，そのような状態にいたる学級集団育成の方法論の提案
②現状の学級集団の状態をとらえる心理テスト（Q-U）を開発し，それをもとに学級集団の状態をアセスメントする方法の提案　代表的な学級集団の状態像の提起
③②の結果を複数の教師たちで検討して今後の学級集団育成を含む学級経営の対応策を立案できる方法論の提案（K-13法）

　以下に，それぞれについて説明します。

（1）理想の学級集団の状態，そこにいたるまでの学級集団育成の方法論の提案

　教育環境として理想の学級集団の状態像，およびその状態にいたるまでの学級集団育成の方法論を抽出するために，大規模な実態調査を行いました（河村，2012）。その結果，理想の学級集団の状態，すなわち満足型学級集団の学級内に生起している教育的相互作用と教師の指導行動，学級集団の発達段階が整理されました。

（2）学級集団の状態のとらえ方の提案　ルールとリレーション

　学校サポートの一環として収集した学級観察のデータを整理した結果，教育環境の良好な学級集団には，二つの要素が確立していることが認められました（河村，1999）。良好な学級集団の育成には次のⅠとⅡを同時に確立させることが必要で，この二点の確立具合によって学級集団の状態を把握することを提唱してきました。

> Ⅰ．集団内の規律，共有された行動様式（ルール）
> Ⅱ．集団内の児童生徒どうしの良好な人間関係，役割交流だけではなく感情交流も含まれた内面的なかかわりを含む親和的な人間関係（リレーション）

　Ⅰは学級内の「ルール」です。教育環境の良好な学級集団では，対人関係に関するルール，集団活動や集団生活をする際のルールが児童生徒一人一人に理解され，学級全体に定着しているのです。ルールが定着すると対人関係のトラブルが減少します。すると，「人から傷つけられない」という安心感が生まれ，友人との交流が促進されるのです。このようなルールは，児童生徒が自主的に活動するうえで最低限の守るべき基準となるので，授業においても，けじめのある活発さが生まれます。

　Ⅱは児童生徒どうしの「リレーション」です。リレーションとは，互いに構えのない，ふれあいのある本音の感情交流が行える人間関係のことです。学級の児童生徒どうしにリレーションがあると，仲間意識が生まれ，集団活動（授業，行事，特別活動など）が協力的に，活発になされるようになります。授業でも，児童生徒相互の学び合いの作用が向上し，一人一人の学習意欲が高まります。

　さらに，学級集団の状態を，この2軸で把握することを目的に開発されたのが，心理検査Q-U（QUESTIONNAIRE-UTILITIES）です。Q-Uは標準化（テストの信頼性と妥当性が確認されている）された心理検査で，児童生徒の学級生活の満足度と，学級生活の領域別の意欲・充実感を測定するものです。児童生徒の満足度の分布状態から学級集団の状態が推測でき，学級崩壊の予防や学級経営の指針を立てるのに活用することができます。2011年度，Q-Uは全国で300万人を超える児童・生徒・学生に実施されており，全国の県や市町の教育センターなどにおいて，学級経営，生徒指導，教育相談に関する講座で，教員研修が年間を通して行われています。Q-Uは，教師たちが学級集団の状態を把握するための一つの手法の提案なのです。

（3）学級経営の検討方法の提案と教員研修会の実施

　(1)(2)に基づいて，日本の学級集団の理解と学級集団育成のスタンダードな方法論を確立するため，学級集団育成を含むこれからの学級経営の展開を考える研修会を1990年代後半から続けてきました。県や市町の教育センターの定期講座や，教育関係の学会や協会の研修会，大学院の授業を土・日曜日に実施する拡大ゼミ，校内研修会など，さまざまな機会を活用して，学級集団の状態をQ-Uでアセスメントし，その結果に基づいて対応を検討するという研修を行ってきました。

　研修会では，学級の事例を集団で検討する方法として，「K-13法」という問題解決志向の方法論も合わせて提案してきました（P26参照）。「K-13法」では，学級経営の問題を，現在の学級集団の状態と教師が行っている指導行動のミスマッチととらえ，参加した教師たちみんなで，事例の学級のミスマッチがどこに起こっているのかを明らかにし，それをマッチさせる方向で今後の具体的な対応策を検討していきます。この方法により，事例検討が担任教師の指導力批判になることを防ぎ，教師どうしのディスカッションを建設的なものにすることができます。

参加者全員が「K-13法」の方法論を身につけていると，約1時間で1学級の事例検討会ができます。時間が取りにくい学校現場では，このように短時間で具体的な検討会ができることが必要だと思います。

学校経営に位置づいた学級経営と教師間のチーム連携の必要性

Q-Uの多くの結果を分析していて感じるのは，地域のなかで，不登校が多かったり，学力の定着が低かったりという問題を抱えている学校では，校内の各学級の集団としての状態がバラバラになりがちだということです。裏を返せば，学級集団育成を含めた学級経営の展開の仕方がバラバラな学校ほど，荒れた学級が出現する傾向がみられるということができます。

これは，「学級集団育成を含めた学級経営の展開の仕方が，校内の教師間で共通理解されていない場合，学校全体としての教育成果がいまひとつになってしまう」ということを表していると思います。特に，一つの学年のなかで，学級集団の状態がバラバラという場合，各教師の学級経営が学年経営のなかに位置づいていない可能性もあります。教師間のチーム連携の状況は，授業や生徒指導のあり方，給食や係活動の指導などのすべてに及んでいきます。教師間の基本的な足並みが揃っていない状況では，学校全体の教育力が高まるとは思えません。

近年，児童生徒のソーシャルスキルの低下，通常学級における特別支援教育の推進など，学級経営を取り巻く状況はますます厳しくなっています。担任一人が学級の全責任を負い，各々が独立して学級経営に取り組むという形態は限界がきており，教師たちのチーム連携が欠かせません。これからは，学級担任どうしがつながりをもち，学級集団育成を含む学級経営を学校経営・学年経営に位置づけて，教員組織で取り組んでいくことが益々求められてくると思います。

そしてそのためには，①目標とすべき学級集団像とそれにいたる学級集団育成の方法論，②現状の学級集団の状態をとらえる枠組，の二点の基本的な部分を，教師たちが共有していなければ，連携を実現することはむずかしいと思います。初めに①②を共有することで，それが指標となってチーム連携が促進され，問題解決志向の議論と連携のとれた指導行動が発揮できるようになるのです。

したがって，「学級集団育成を含む学級経営」について，定期的な研修会や検討会を実施することが求められると思います。すでにこのような取組みを，県や市町単位で行っている地域は少なくありません。学校単位で取り組んでいる学校も全国にたくさんあります。このプロセスを通して，学年内さらに校内の教師たちの連携が深まり，基本的な足並みが揃った対応ができるようになると，各学校の教育力は高まっていくと思います。

第2章
学級集団育成の進め方

第1節 学級集団育成の進め方の基本的な枠組み

教師が学級経営に取り組む流れ

「学級集団育成」を含む学級経営の取組みは，次のようなサイクルで行います。

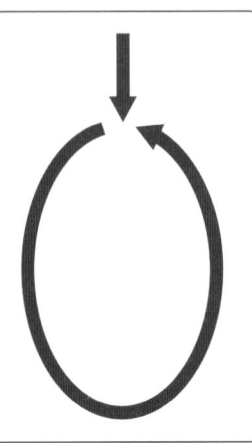

【前提】学級集団の理解と学級づくりの方法論を確認する
【計画・実態把握】担任する学級に集うすべての児童生徒の支援レベルと，学級集団の現状の状態・集団発達過程の段階のアセスメントを適切に行い，学級経営案を立案する
【遂行・実践】現状の段階をより発達させるための集団育成の方針を定め，そのもとで具体的に席順や生活班などの日常の学級生活面，授業の展開，学級活動への取組みを有機的に展開する
【評価・実態把握】2，3か月たったら再びアセスメントをし，方針を修正しながら取組みを続ける

学級集団育成を含む学級経営への取り組み方

ここで強調したいのは，「計画（実態把握）→遂行→評価」のサイクルを何度も繰り返しながら，展開していくことが大切だということです。

これは，人間の健康を維持する取組みと似ている面があります。生活習慣病は少しずつ悪化し，症状に気がついたときにはかなり悪化していることが多いのです。だから人は定期的に健康診断を受けて健康状態をチェックし，悪い兆候がみえたら，それに見合った生活習慣を微修正して，健康維持に努めていくわけです。

学級経営においても，定期的に集団の状態をチェックし，悪い部分の早期発見に努めながら，それに見合った対応を行っていくことが大切です。

理想の学級集団（満足型学級集団）の状態

学級集団の状態は，ルールとリレーションの二つの軸でみることができます（1章2節(2)参照）。そして，学級集団育成の最終目標となるのは，ルールとリレーションの両方が確立している「満足型」学級集団の状態です。

「満足型」学級集団は，児童生徒一人一人にとっての居場所となる学級集団で，建設的な人間関係のなかで，児童生徒が協同で活動したり，相互にかかわり合ったりす

ることが,活発な状態になっています。学び合い・協同活動が多いため,児童生徒の学級生活の満足感,学習意欲,友人関係を形成する意欲,学級活動に参加しようとする意欲がとても高く,学力の定着も良好なことが,分析の結果からも明らかになっています。

また「満足型」学級集団は非常に教育力が高い状態なので,児童生徒はそのような学級集団に所属していることにより,特別なことをしなくても,日々の生活体験から良質なグループアプローチに参加している効果を得ることができます。

「満足型」学級集団で得られるグループアプローチの効果には,次のようなものがあります。

○情緒の安定と発達課題達成の促進
○自他受容・自他理解の高まりと向社会性の向上
○モチベーションの喚起・維持
○モデル学習の促進(結果としてソーシャルスキル,スタディ・スキルの向上)
○社会組織における役割行動の獲得(結果として社会性や責任感の向上)

満足型学級集団から得られるグループアプローチの効果

学級集団の状態には,「満足型」のほかにも,次のような状態があります。どれも学級集団の発達が低い状態に留まっており,「満足型」学級集団に比べて学級集団から得られる教育的効果が十分とはいえない状態です。

親和的なまとまりのある集団(満足型学級)
ルールとリレーションが同時に確立している状態
学級にルールが内在化していて,児童生徒は主体的に生き生きと活動しています。児童生徒どうしのかかわり合いや発言が積極的になされます

満足群型のプロット

かたさのみられる集団(管理型学級)
リレーションの確立がやや低い状態
静かで落ち着いた雰囲気の学級にみえますが,学級内の人間関係が希薄でかかわり合いが少ないため,児童生徒の授業や学級生活全般に対する意欲には差があります。また,児童生徒には教師の評価を気にする傾向があり,児童生徒の承認感にばらつきがあります。

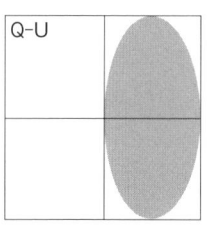

たて型のプロット

ゆるみのみられる集団（なれ合い型学級）
ルールの確立がやや低い状態
自由にのびのびとした雰囲気の学級にみえますが，学級内のルールやマナーがゆるんでいるので，授業中の私語や，児童生徒どうしの小さな衝突がみられます。また，声の大きな児童生徒に学級全体が牛耳られる可能性が高くなっています。

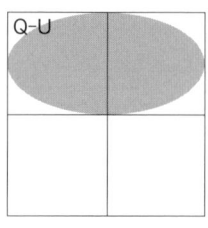

よこ型のプロット

荒れ始めの集団（荒れ始め型学級）
ルールとリレーションの確立がともに低い状態
「かたさのみられる集団」や「ゆるみのみられる集団」の状態からくずれて，それぞれのマイナス面が肥大して，問題行動が頻発し始めています。この状態の学級では，教師のリーダーシップが徐々に功を奏さなくなり，児童生徒の間では，互いに傷つけ合う行動が目立ち始めます。

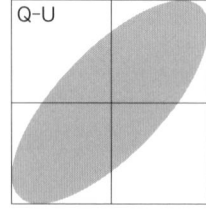

ななめ型のプロット

崩壊した集団（崩壊型学級）
ルールとリレーションがともに喪失した状態
荒れ始めの集団がくずれて，学級が教育的環境ではなくなった状態です。授業は成立しません。私語と逸脱行動が横行し，教師の指示に露骨に反抗する児童生徒もみられます。児童生徒は，自分の不安を軽減するために，同調的に結束したり，ターゲットを決めて攻撃したりしています。

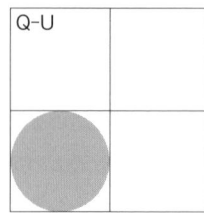

不満足群型のプロット

拡散した集団（拡散型学級）
ルールとリレーションの共通感覚がない状態
教師から，ルールを確立するための一貫した指導がなされていない状態です。児童生徒の学級に対する帰属意識は低く，教師の指示は通りにくくなっています。

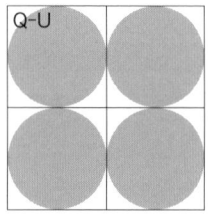

拡散型のプロット

学級集団の発達過程

　学級集団の状態はずっと同じ状態にとどまっているのではなく，時間とともに変化を遂げていきます。児童生徒間の相互作用，インフォーマルな小集団の分化，児童生徒と教師との関係，そして，それらが変化していくことにより，集団内外の雰囲気や児童生徒の学級や教師に対する感情，行動傾向などに状態の変化が起こるためです。

　このような集団内で起こる状態の変化を，本書では「学級集団の発達過程」と呼び，次のような段階（時期）でとらえることができます。

学級集団の発達過程と育成目標

混沌・緊張期

↓ 成熟

小集団成立期

↓ 成熟

中集団成立期

↓ 成熟

自治的集団成立期

段階（時期）ごとの指導のスタンダード

ルールの設定（混沌・緊張期）
①児童生徒の願いを取り入れた，「理想の学級」の状態を確認する
②理想の学級の状態を成立させるための学級目標を設定し合意する
③学級目標を達成するためにみんなで守るルールを設定する
④教師もルールを守ることを約束する
⑤ルールについて具体的なイメージがもてるように説明する
◇段階に応じたCSSを指導する（「基本的なあいさつ」「基本的な聞く態度」など）

ルールの定着（小集団成立期）
①教師もルールを守っていることを児童生徒にみせる
②ルールをきちんと守って行動している児童生徒を積極的にほめて，そのような行動を学級内に奨励していく
③ルールが学級に定着するまでのルール違反には，その内容によって適切に確実に対応する。小さいルール違反でも決してあいまいにしたりスルーしたりしてはならない
④生活班，係活動のグループを積極的に活用し，ルールの定着を図る
　ルールの徹底，ルールに沿った行動の承認，の二つの要素を班員どうしの相互作用で行う
⑤生活班，係活動の役割行動に対する評価では，プラスの評価は周りから，マイナス評価は自分から言わせるようにする
◇段階に応じたCSSを指導する（「基本的な話す態度」「許容的態度」など）

ルールの内在化・習慣化（中集団成立期／自治的集団成立期）
①再度，どのような学級集団をめざすのかをみんなで話し合い，そのために必要なルールを再設定して確認する
　みんなの意欲がより高まるようなビジョンを掲げ共有する
　より大きな集団で動きやすいルールを再設定する
②活動する前には，目標，役割分担をみんなできちんと確認する
③活動する前には，目標と，それに向かうための中集団での活動の流れを，みんなできちんと確認する
④教師は学級の目標の表明，そのためのルールの対応，日々の行動に，一貫性をもたせる
⑤学級全体の一体感を体感させ，その意義をきちんと共有させる
　みんなに貢献できた・必要とされる喜びを体験させる
◇段階に応じたCSSを指導する（「能動的な援助」「集団への能動的参加」など）

学級集団の発達過程と指導

教師は,理想となる「自治的集団成立期」(満足型学級集団)をめざして,集団内にルールとリレーションを統合的に確立させながら,学級集団が各段階を一歩一歩進んでいけるように,働きかけていくことが求められます。

　ただし,集団は常に「成熟」の方向に向かっている状況でなくなると,メンバーどうしにマンネリやなれあいが生じ始め,必ず「退行」(発達段階が下がる方向)へと向かい始めます。ここが,とてもむずかしいところです。

　集団が成熟と退行のどちらに向かっているか,その状況は,学級内のルールとリレーションの状態に現れてきます。教師はルールとリレーションの確立状態を確かめながら,その時々の学級集団の現状に応じた指導行動を工夫し,学級集団を次の発達の段階に向かわせることができるよう,継続的に対応していくことが求められます。

学級集団の各発達段階間の葛藤

　前述のように,集団のなかでは,成熟へ向かう力ばかりでなく,退行へと向かう力が働く場合もあります。さまざまな要因から,集団が次の段階へと進みにくくなる状況を,本書では「集団の葛藤」と呼びます。

　集団の葛藤には,代表的なものとして,次のようなパターンがあります。教師は,それぞれの段階において,集団の発達を妨げる要因となりうる点に粘り強く対処し,学級集団が成熟の方向へ進むように対応していくことが求められます。

○小集団成立過程の葛藤(混沌・緊張期　⇔　小集団成立期)
　①「混沌・緊張期」から「小集団成立期」に進めない
　②「小集団成立期」から「混沌・緊張期」に退行していく
○中集団成立過程の葛藤(小集団成立期　⇔　中集団成立期)
　①「小集団成立期」から「中集団成立期」に進めない
　②「中集団成立期」から「小集団成立期」に退行していく
○自治的集団成立過程の葛藤(中集団成立期　⇔　自治的集団成立期)
　①「中集団成立期」から「自治的集団成立期」に進めない
　②「自治的集団成立期」から「中集団成立期」に退行していく

集団発達の葛藤の代表的パターン

　次に,それぞれの段階における葛藤について,詳しく説明していきます。

小集団成立過程の葛藤

①「混沌・緊張期」から「小集団成立期」に進めない

　学級を集団として牽引していく核となる,リーダー的な小グループが形成されていないことが考えられます。学級のめざすべき方向を理解し,学級目標達成のため,みんなで定めたルールにそって主体的に行動していくグループが不在のた

め，教師の指導や対応が空回りし，児童生徒は"笛吹けど踊らず"のバラバラな状態が続きます。周りがどう動くか，緊張しながら様子をみている児童生徒も少なくありません。

このような状況が一か月近く続くと，学級内には防衛的な行動をとる児童生徒が多数出てきて，不安のため閉じた小さなグループが乱立してきます。そうなると，学級集団は，ますます方向づけがむずかしくなっていきます。

さらにこのような状況が続き，学級内に他人に無関心な児童生徒が多く，かつ顕著に反社会的な行動をとる児童生徒やグループがなかった場合，学級集団は「拡散型」の状態になっていきます。また，反社会的な行動をする児童生徒やグループがあった場合，学級集団は「荒れ始め型」の状態に，自己中心的な自己主張をする児童生徒やグループがあった場合，学級集団は「ゆるみ型」の状態になっていく傾向があります。

≪要因として考えられること≫
・最初の段階で，児童生徒に学級の一員であるという当事者意識を十分喚起することができなかった（最初から個別対応が強く求められる児童生徒がいて，その対応に追われ，全体対応が十分できないという場合もあります）
・相対的に，意識性が高く能動的な行動のとれる児童生徒がいなかった（核となれる児童生徒をみつけること・連携させることができなかった。教育困難な高校の学級に顕著にみられます）
・核となれるリーダー的な小グループの行動を，強く牽制する非建設的な小グループの動きが活発だった

② 「小集団成立期」から「混沌・緊張期」に退行していく

学級を集団として牽引していく核となる，リーダー的な小グループが独走していることが考えられます。周りの児童生徒はそれについていくことができず，学級に対する当事者意識が薄らいでしまい，やらされ感が高まっているのです。

その結果，学級目標を達成するためにみんなで定めたルールに沿った行動もゆるみ，係活動などに対する責任感が低下してきます。さらに，リーダー的な小グループの独走に反感をもつ児童生徒が小グループを形成し，対抗する雰囲気が生まれてきて，学級全体が混沌とした状態に戻ってしまうのです。

≪要因として考えられること≫
・学級全体で行う活動の推進を，核となるリーダー的な小グループが固定的に行うことが続いた
・核となるリーダー的な小グループの児童生徒が学級内で認められることが多く，他の児童生徒は認められることが少なかった

中集団成立過程の葛藤

①「小集団成立期」から「中集団成立期」に進めない

　学級目標やみんなで定めたルールが，児童生徒個々の内面に定着するところまでいっていないので，小グループどうしが拮抗してしまい，まとまって中集団で活動することができなくなっていることが考えられます。

　小グループの利益が優先されてしまって，より大きなフレームで物事をみて行動すること，協力し合うことができないのです。さらに，中集団で一緒に活動するなかで小グループどうしの意見の違いが明確になり，そこから対立に向かうことが少なくありません。

≪要因として考えられること≫
・各小グループが集団内に閉じた状態になっている，ほかのグループの児童生徒と物理的に交流する機会が少なくなっている
・各小グループが団結したくなるような大きなビジョンが示されていない
・中集団で活動するための組織づくり，活動する仕組みづくりが不十分である
・個人のがんばりが中集団活動のなかでどのように位置づいているのかが漠然となっており，モチベーションが低下している，少しぐらい手を抜いてもだれかがやってくれるというように責任感が低下している

②「中集団成立期」から「小集団成立期」に退行していく

　中集団での活動パターンがマンネリ化して，いつも同じ児童生徒やグループばかりが活躍するなど，中集団内に階層性が生じたり，取り組み方に温度差が生まれたりして，まじめにやっていることがバカらしいという意識が蔓延し始めていることが考えられます。

　その結果として，中集団でまとまって活動することがむずかしくなり，児童生徒は閉じた小グループで行動することが多くなります。また，いくつかの小グループが対立してしまう場合も少なくありません。

≪要因として考えられること≫
・中集団活動で行う各イベントのビジョンの確認，組織づくり，活動する仕組みづくりが不十分なまま，マンネリ化した活動になってしまっている
・中集団のリーダー的な存在（人，小グループ）と，非協力的な存在（人，小グループ）が固定化してきた
・個人のがんばりが中集団活動のなかでどのように位置づいているのかが漠然となっており，全体にモチベーションの低下，責任感の低下が起こっている

自治的集団成立過程の葛藤

①「中集団成立期」から「自治的集団成立期」に進めない

学級として、より向上しようとする雰囲気が弱く、全体でスムーズに活動することはできるのですが、まだ十分に伸びしろを残しているという状態です。

その結果として、学級集団は「自治的集団成立期」に進まず、「全体的活動成立期」の状態になっていきます。「自治的集団成立期」の学級は、児童生徒一人一人の承認感が高いのが特徴ですが、「全体的活動成立期」の学級では、児童生徒一人一人の承認感に高低が生じているのが特徴です。

≪要因として考えられること≫
- 中集団以上で取り組む活動のリーダーシップをとる者が、教師や特定の児童生徒やそのグループに固定化している。ほかの児童生徒はそれに従うだけという階層が生じ、みんなで知恵を出し合って、協力し合ってという自治的な雰囲気が生まれてきていない
- 承認感の児童生徒にやらされ感が高まり、モチベーションや責任感の低下が起こり、全体活動の質と量が低下している
- 新たな創造をする機運が少なく、全体にマンネリ化している

②「自治的集団成立期」から「中集団成立期」に退行していく

自治的な活動ができていたのですが、だんだんと学級内の児童生徒の役割が固定化し、マンネリ化し、活動の成果が低下してきている状態です。

その結果として、学級集団は「全体的活動成立期」の状態になっていきます。また、学級全体で活動することはできるのですが、ワンマン化したリーダーの児童生徒やグループに対する反発が生まれ、学級内がギクシャクしてくる場合もあります。

≪要因として考えられること≫
- 中集団以上で行う各イベントで、忙しさのなか、ビジョンの確認、組織づくり、活動する仕組みづくりが不十分なまま、マンネリ化した活動になってしまっている
- 中集団以上で取り組む活動において、リーダーシップをとる者が、教師や特定の児童生徒やそのグループに固定化し始めている。指示に従うだけの、やらされ感の高くなった児童生徒が出てきて、モチベーションや責任感の低下が起こり始めている
- 学級全体に、より高きをめざすという意欲が低下し、なれあい的な行動を取り始めた児童生徒に無関心な雰囲気が生まれ始めている

近年の学級が抱えるむずかしさへの対応

　学級集団育成の過程で，教師は児童生徒に「個別対応」と「全体対応」をバランスよく展開していくことが求められます。しかし，このバランスのとり方が，近年とてもむずかしくなっています。おもな要因は，次の二点です。

（1）個別対応が必要な児童生徒が多くなった

　教室に集う児童生徒が必要としている援助レベルは一人一人違います。学校心理学の「3段階の援助サービス」（石隈利紀『学校心理学』誠信書房）を応用して，学級経営における児童生徒の援助レベルを考えると，次のようになります。

○一次的援助レベルの児童生徒：集団全体への全体対応に自ら参加できる
○二次的援助レベルの児童生徒：個別配慮をすれば全体対応に参加できる
○三次的援助レベルの児童生徒：全体対応への参加がむずかしく特別な援助が個別に必要

学級経営における児童生徒の援助レベル

　学級のなかで，まず個別対応が必要だと考えられるのは三次的援助レベルの児童生徒です。基本的生活習慣が確立していない，不登校やいじめの問題を抱えている，発達障害などの問題があり授業にうまく参加できない，非行行動が顕著であるなど，さまざまな要因から，その子だけの個別対応を必要としている児童生徒です。このような児童生徒の割合が学級の一定以上を占めるようになると，教師はその対応に大きな労力をかけなければならなくなります。

　次に注目したいのは，地域や家庭の教育力の低下が叫ばれる近年，二次的援助レベルの児童生徒がとても多くなったということです。この児童生徒は，一次的援助レベルの児童生徒と変わりなくみえるのですが，対人関係の形成がむずかしかったり，不安が強かったりと，個別配慮が不可欠で，全体対応のなかで常に教師が気を配る必要があります。このような児童生徒が確実に全体集団に参加できるように対応していけるかどうかは，学級経営の力量が大きくものをいう部分です。

　担任にとってもっとも厳しいのは，個別対応を必要とする三次的援助レベルの児童生徒の比率が多くて，二次的援助レベルの児童生徒への個別配慮と全体対応に手が回らないという状況です。自分で動ける一次的援助レベルの児童生徒が相対的に少ないなかで，三次的援助レベルの児童生徒の困難さが継続し，さらに，二次的援助レベルの児童生徒の状態が悪化していき，学級集団が崩れていくというマイナスのスパイラルは，最悪のパターンです。

（2）集団斉一性の低下

　日本型の学級集団をスムーズに育成していくための条件を一つあげるとすれば，それは「集団斉一性」の高さです。集団斉一性とは，学級集団に所属する児童生徒の間に生じる意見や行動の一致の程度であり，集団斉一性が高いとは，その一致度がとても高くなっている状況を意味しています。集団斉一性の高さは，仲間意識の拠り所に

なりますから，学級集団の育成にとって，とても好条件になるわけです。

集団斉一性の高さを規定するもっとも大きな要因は，その学校が存在している地域，児童生徒が住んでいる地域です。共同体的なつながりが残っている地域ほど，児童生徒の集団斉一性は高くなり，学級集団の育成もしやすくなります。

日本型の学級集団の育成に好条件な，集団斉一性が高い地域には，次のような特徴があります。

> ○地域の人の顔が認識でき，行事を通した対人交流のあるような，ほどよい人口数と人口密度と人口移動の少ない地域
> ○住んでいる人々の人口の流動性が低く，似たような考え方・生活，行動様式がみられ，地域の伝統的行事が多く残っている地域
> ○農業などの一次産業，地域に根ざした製造業・商業などの二次・三次産業に従事している人が多く，そういう人々が地域で活動し，地域の人々とかかわることが多い地域

集団斉一性の高い地域の特徴

逆に，集団斉一性が低く，日本型の学級集団の育成がむずかしい地域としては次のような特徴があります。

> ○ベッドタウンとして，新興住宅，団地，マンションが乱立し，ほかの地域から移住してきた住民が多く住む地域
> ○都市部に通勤するサラリーマンが住民のほとんどの地域
> ○地域のつながり，住民が取り組む共同行事がほとんどない地域
> ☆経済的な問題を抱えるなどして，地域とのつながり，社会的なマナーの遵守などの意識が低い状況の人々が多く住んでいる地域

集団斉一性の低い地域の特徴

この傾向は，文部科学省が実施している全国学力調査で毎年良好な結果を示している地域に，児童生徒の集団斉一性の高さを維持する要素が多く残っていることからもわかると思います。

いっぽう，これから気をつけなければならないのは，現在進行形で変化が起こっている地域の学校です。例えば，企業の工場が近くにできて新しい住民が多数流入してきた地域，幹線道路が開通して人の移動が活発になった地域などの学校です。

近年，不登校や非行が増加した，学力が低下したという問題を抱えて（この背景に，学級経営がむずかしくなったという要因があります），私の研究室に研修を依頼してくるのは，変化にさらされている地域の学校がとても多いのです。そこには，地域の変化に伴う児童生徒の意識や行動の変化に，教師たちがついていけなくなっているという構図があります。教師たちはいままでのやり方が通用しない戸惑いから，自信を失い，学級経営がうまくいかなくなっているというパターンです。

第2節 教師間で行う学級経営の検討会のあり方

K-13法による学級経営の検討会の実際

　K-13法（1章2節(3)参照）は，調査法と観察法を統合した資料をもとに，問題解決のために教師たちが協同で行う作戦会議です。近年は，教師どうしの研修会で，より短時間に，より具体的に，事例検討ができるように，簡易版の「アセスメント・対応シート」を作成して取り組んでいます。

・事例提供者は事例報告シート（p.27）を事前に作成し，発表する
・参加者は発表を聞いて，アセスメント・対応シート（p.28～29）に書き込む
＜事例の把握＞
　①学級のリーダーを説明する
　②配慮を要する児童生徒を説明する
　③同時に，プロットされている位置が予想外の児童生徒がいたら説明する
　④児童生徒の主なグループを説明する（グループの特徴，リーダー）
　⑤学級の問題と思われる内容を説明する
　⑥参加者は事例提供者に疑問点・確認したい点を質問し，全体像を理解する
＜アセスメント＞
　⑦参加者（事例提供者も含めて）が考えられる問題のアセスメントを，できるだけ
　　多く発表する（紙に書いてもいい）
　⑧全員で似た内容のものどうしを集めて，整理する
　⑨重要だと思う順番に並べ，そう考えた理由を発表する
　　「私は～だから～と思う」という，アイ・メッセージで発表する
　　　そして，全員で協議して，問題発生についての統一の仮説を立てる
＜対応策の検討＞
　⑩⑨の解決法をできるだけ多く発表する（具体的な行動レベルで）
　　＊特別な能力がなくても，だれでも物理的に取り組める内容にする
　⑪⑦と同じように整理する
　⑫⑧と同様に優先順位をつけ，統一の対応策をつくる
　　　目的地を明確にし，2週間後，1か月後のサブゴールも明確にする
　　　事例提供者の不安な点，懸念される問題点について，対処策を確認する
＜結論と決意の表明＞
　⑬事例提供者が取り組む問題と，具体的な対策をみんなの前で発表する
　　　全員の拍手でもって終了する
【フォローアップ】
・1, 2か後に，再びQ-Uを実施し，ポジティブな変容が認められない場合は，再び
　同様の会議を実施する。

K-13法の手順

事例報告シート

◇学級集団の背景　　　　　　　　　学校　年　組　名（男子　名，女子　名） ・学校の特徴 ・学級編成の状況（もち上がり等）
◇問題と感じていること
◇学級の公的なリーダーの児童・生徒（番号と簡単な説明）
◇学級で影響力の大きい／陰で仕切るような児童・生徒（番号と簡単な説明）
◇態度や行動が気になる児童・生徒（番号と簡単な説明）
◇プロットの位置が教師の日常観察から疑問に感じる児童・生徒（番号と簡単な説明）
◇学級内の小グループを形成する児童・生徒（番号と簡単な説明）
◇4群にプロットされた児童・生徒に共通する特徴 ・満足群 ・非承認群 ・侵害行為認知群 ・不満足群
◇担任教師の方針 ・学級経営 ・授業の展開

┌───┐
│ Q-U事例検討会　学級集団づくり　アセスメント・対応シート │
│   （　　年　　組）   │
└───┘

1. プロット・担任報告から考えられる学級の状態・発達について協議しましょう

（1）「ルールの確立度」について

（内在化している）　◄――――►　（教師が指示すれば行動する）　◄――――►　（反発され教師の指示が通りにくい）

　　　5　―　　4　―　　3　―　　2　―　　1

- 特記事項　バラつきが大きい　・　二極分化　・　まじめな児童生徒の被侵害感が高い
- その他

（2）「リレーションの確立度」について

（親和的に全体に広がっている）　◄――――►　（小グループ内に閉じている）　◄――――►　（グループ間対立・孤立・裏面交流・防衛的行動が顕著）

　　　5　―　　4　―　　3　―　　2　―　　1

- 特記事項　バラつきが大きい　・　二極分化　・　まじめな児童生徒の被侵害感が高い
- その他

（3）「学級集団の発達」について

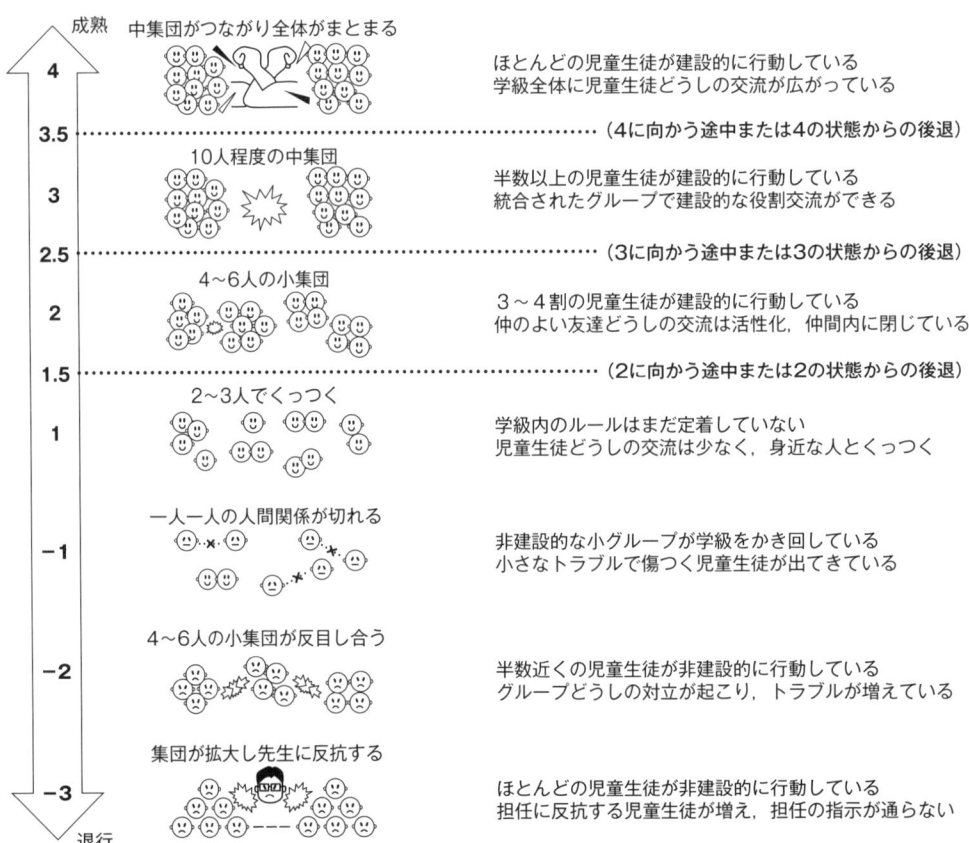

（4）Q-Uの型について

| 満足 ― かたさ ― ゆるみ ― 拡散 ― 荒れ始め ― 崩壊 |

（5）総合的なアセスメント・仮説（このような状態になった要因として考えられること）

　　　　　　　　　　　　　　　　　　　　　　　　　　　　　　ではないだろうか？

2. 仮説から考えられる対応策を協議しましょう

〈大きな方針〉
　・リレーションを確立する／承認感を高める
　・ルールを確立する／被侵害感を低下させる

〈場面〉
　①学年の連携の仕方（TT，合同授業等，担任教師の役割の明確化）
　②保護者への説明・協力体制のあり方
　③担任教師の対生徒へのリーダーシップのとり方のポイント
　④授業の進め方のポイント
　⑤学級活動の展開例のポイント（朝，帰りのホームルームも含めて）
　⑥給食・掃除時間の展開のポイント
　⑦時間外（休み時間・放課後）に必要な対応（個別面接・補習授業等）
　⑧担任教師のサポートのあり方，作戦会議の計画

★場面を選択し，具体的な対応を提案してください

場面	具体的な対応	留意点

第3節 小学校低学年の学級経営の難点と対応のポイント

　小学校低学年の学級経営において，学級集団育成の過程で起こる葛藤には，特に次の二つのケースが多くみられます。学級集団の発達段階順に示します。
　なお，非常に厳しいマイナスの展開のケースは『学級経営スーパーバイズガイド　小学校編』を，また「対応のポイント」についてさらに詳細を知りたい場合は，『Q-U式学級づくり　小学校低学年』（ともに図書文化社発行）を参照してください。

(1) 混沌・緊張期でとどまる
①集団の状態
　学級開きの段階から，教師の思いが児童たちに素直に受け入れられず，ギクシャクしたまま時間が経過し，自己中心的な行動をする児童が多くなっています。学級の核となってリードする児童がいないので，学級全体が不安定な状況です。教師が当初から個別対応に追われるなどして，集団に対するルールづくりと定着化が一貫して取り組まれていない場合に，このような状況が多く発生します。
②対応のポイント

> 　混沌・緊張期から小集団成立期には，教師は教示的から説得的なリーダーシップをとり，児童が楽しく行動しながら自然にルールを身につけられるようにする

　児童たちの多くは少子化の家庭で育っており，多くの人が集まる場面で，自分の感情や行動をコントロールすることに慣れていません。また，過保護に育てられ，少しのことでもほめて大事にされてきているので，教師に対しても「思いきり甘えたい」「自分だけを見てほしい」という気持ちを強くもっています。
　したがって，低学年の児童には，甘えたい気持ちを十分に満たすように，教師と児童の1対1の関係（二者関係）をしっかり形成していくことが大切なのですが，そのいっぽうで，児童が集団の中で一人で行動できる力を育成していくことも求められます。このように，低学年では，相反する二つを同時並行で行うことが求められるのです。そのため自治体によっては，低学年の1学級の児童数の上限を30人，25人，20人としている場合も少なくありません。
　低学年に学級のルールを教えるときは，「学校の規則で大事だから守りなさい」ではなく，「楽しく行動していたら，いつのまにか身についていた」というようにしていくことがポイントです。例えば，「机の上の片づけが終わったら？」と教師が声をかけたら，みんなで一斉に「手はおひざ」と合唱しながら行動するというぐあいに，ルーティンの行動をいくつか定めておき，活動の節目節目で活用します。こうすることで，児童たちは楽しく活動しながら，徐々に集団内での行動の仕方を身につけていくことができます。行動を教えるときは，SSTの要領で：①言って聞かせ，②やってみせ，③やらせてみて，④ほめてあげる，そして⑤みんなの中で一人でできたときはさらにほめてあげる，というくらいのていねいさが求められます。

このように低学年では,「説明して理解させてから,行動を練習する」というパターンよりも,「楽しい行動として習慣化し,ルールの意味はあとから理解させて,自発的な行動につなげる」という方法が有効なことが多いのです。このように習慣化させた行動は,学校生活をテンポよくスムーズに展開するのにも役立ちます。

(2) 小集団成立期でとどまる

①集団の状態

主体的に行動している3割の児童以外は,意欲が低下してしまい,自己中心的な行動をとるようになっています。学級はバラバラで,教師やリーダーシップをとる児童・グループを中心に,まとまって活動することがなかなかむずかしい状況です。

②対応のポイント

> 混沌・緊張期から小集団成立期までのルールの定着の度合いに,学級内の児童たちで差があるので,個別指導と一斉指導とを関連づけて対応していく

学級のルールが全員に同じように定着していない,授業・活動などの基本的な行動パターンが共有されておらず習慣化するところまでいっていないというなかで,児童たちの承認感に偏りが生じていると考えられます。ルールの定着している児童と,そうでない児童が混在しているため,何かをしようとするたびに人間関係の軋轢やトラブルが発生し,一斉指導や学級全体での活動にしばしば支障をきたします。

主体的にルールを守っている一部の児童は,認められることも多く,承認感が高くなって意欲的に活動しています。しかし,そうでない児童たちは,承認感や意欲が低下し,授業の私語が多くなったり,係活動や掃除などの責任感が低下したりしています。グループによっても意欲に差があるので,学級全体で活動するのに時間がかかったり,影響力のある児童やグループが自己中心的な行動をするのに周りが振り回されていたり,ということが表出してくるのです。

これらを防ぐためには,「一つの活動を,簡単なルールのもとで,短めに展開する」「個人活動や個人作業の比重を多くする」「机間指導を細かく展開する」など,承認感の低い児童たちが活躍できる場面や認められる機会を,授業や学級活動や学級生活に意識して取り入れたうえで,教師からの言葉かけをまめに行い,「見守っているよ」というメッセージを与え続けていくことが必要です。

さらに,日直が元気よく号令をかけていたら,すかさず「うれしいね。日直さんのおかげで,みんな元気がでてくるね」などと全体に向かってほめ,個人の取組みが全体にどう寄与しているのかをとらえて伝えることで,一斉指導につなげていきます。反対に,全体に何かを説明したあとは,個人の活動に対して「みんなに説明したことを,Aさんはすぐにちゃんと取り組んでいるね」というぐあいにほめ,一斉指導の内容が個人の行動にどう生かされているのかも意識させていきます。個別指導と一斉指導を常に行き来させながら教えていくことが,低学年の指導では重要です。

COLUMN
低学年の心理・社会的な発達段階と集団の発達段階

　小学校低学年の児童は，心理・社会的な発達段階からみて，幼児期から児童期へ入ったばかりです。とくに発達のばらつきが大きい１年生では，まだ幼児期をぬけきらない児童が多くみられます。

　この時期の児童たちは，自己中心性が高く，さまざまな角度から物事をみたり，異なる立場の考え方を理解したり，長期的な見通しをもったりすることが，まだうまくできません。そのため，学級の活動の大部分を児童の主体性にゆだね，教師は委任的なリーダーシップをとるというような「自治的集団」(p.19参照)の形成をめざすことは，低学年ではむずかしいと考えられます。

　また，信頼できる大人との二者関係を十分に体験することが必要な時期であり，児童同士の関係を広げていく前提として，教師と児童の二者関係づくりに十分な時間をかけることが必要です。そのため，低学年の集団では，混沌・緊張期から小集団成立までにかかる時間が中学年以上よりも多く必要となると考えられます。

　そこで，本書の第３章の事例でも，低学年の集団発達段階から「自治的集団」をなくし，混沌・緊張期→小集団→中集団→全体集団までで，とらえていきます。各段階について，以下に詳しく解説します。

［　混沌・緊張期から小集団成立まで　］

・教師と児童一人一人につながりができている。
・教師の指示に従って，基本的な学校生活の活動ができる。
・(教師の指示のもと)，ペアで活動ができる。
・仲のよい児童が学級に一人以上いる。

【解説】
　低学年の時期に，児童たちは，これまでの家族との関係が中心だった生活から，同年代の多くの子どもたちとの関係が中心の生活に移行していきます。このような時期に安定して学校生活を送るためには，信頼できる大人の存在が欠かせません。自分の良さを認め，見守ってくれる教師との関係がしっかりと確立していることが，児童同士の関係を広げていくための前提となります。つまり，教師との関係が，対人的信頼感の支えとなるのです。

　したがって，低学年のこの段階では，まず教師が一人一人の児童としっかりとした二者関係を築くことが大切です。そして，そのうえに基本的なルールを成立させ，安心して人とかかわることができる集団の秩序のなかで，ペアの活動など，徐々に少人数での活動から一つ一つできるようにしていくことが必要なのです。

［　小集団から中集団成立まで　］

・当番や係の仕事に，２～４人で取り組める。
・(教師の指示のもと)，グループ活動ができる。
・休み時間などに，仲のよい児童と連れだって遊べる。
・教師がリーダーとなって，学級全体で遊ぶことができる。

【解説】
　学級の中に仲のよい児童ができ，それぞれの居場所ができてくると，学級の多様な関係のなかでも，2〜4人程度の小グループ活動ができるようになってきます。この段階で，同年代の多様な児童とかかわる経験を十分にして，人とのつきあい方を学んだり，その良さを感じたりすることが，ただ一緒に遊ぶ友達の関係から，困ったときに助けたり支え合ったりする仲間の関係をつくっていくための基礎になります。

　また低学年の時期には，ほかの児童との比較のなかで，自分をとらえることができるようになってきます。そのため，自分自身が一生懸命にがんばろうとするいっぽうで，周りの児童の行動が気になり，批判的な言動が強くなることがあります。

　したがって，低学年のこの段階では，教師主導で全体の秩序を保ちながら，グループ活動をさせたり学級遊びをさせたりすることが大切です。そして，そのようなかかわりのなかで生まれる葛藤を乗り超える経験をさせ，育てていくことが大切なのです。

[　　　**中集団から全体集団成立まで**　　　]

・発達段階的に，低学年では自治的集団の形成はむずかしいので，低学年の満足型学級集団は，教師主導の「全体集団」のイメージになる。
・2年生になるとリーダーとフォロワーの関係が育ってくる。

【解説】
　「自治的集団」を育てていくためには，それまで教師がとっていたリーダーシップを徐々に児童に委譲していくとともに，一人一人の児童に，不安なく児童同士の関係を築ける対人的な信頼感が育ち，少数の仲のよい関係性のなかで育んだ仲間意識を集団全体の関係に広げられる社会性が発達していることが必要です。しかし，低学年の発達段階では，そのような社会性を身につけている児童は少ないため，自治的集団の成立はむずかしくなります。

　ときどき，児童たちだけでの自習の際に，児童同士が注意し合って，きちんと取組みができる低学年の集団に出合うことがあります。しかし，それは，ルールが内在化しているというよりは，担任の先生にていねいに動機づけられて，達成したあとにはたっぷり称賛されるであろうことを予期している状態であることがほとんどです。

　このような低学年の児童の社会性の発達の状況に合わせて，教師が中心となった「全体集団」の経験を積み重ねながら，徐々に児童の中にリーダーとフォロワーの関係を育て，中学年における自治的集団成立の段階へとつなげていくことが大切なのです。

第3章 学級集団づくりの事例

事例編【じれいへん】

小集団成立過程の葛藤

集団づくりの経過: -3 -2 -1 **1** 2 3 4

入学への不安を抱えた児童が多い学級
安心感を育てるスタートカリキュラムの事例

キーワード
1年生，幼保未就学，登校への不安，校内支援委員会

一　学級経営の背景
個別支援が必要な児童と自信のない児童たち

学級担任の紹介，教育観

●**教師になった理由，年齢，教師歴**

　40代半ばの女性教師。最近は低学年をもつことが多い。子どものころから「教師になりたい」という夢をもっていて，地元の大学を出て教員免許を取得し，小学校の教員になった。

●**学級経営に対する考え方**

　採用当時から郡部の小規模校に10年間勤務し，家庭的な背景の厳しい児童や学力的に支援の必要な児童たちと出会ったことで，「学級担任の満足ではなく，学ぶ側の児童たちの学校や学級への満足度を大事にしたい」という思いが培われた。

●**指導タイプ**

　学習規律やルールの定着も大事にしているが，何よりも児童たちの自由な発言やつぶやきを第一に考えている。児童同士のかかわり合いや学び合いから生まれる発見や気づきに価値をおき，結果よりも過程を大切にし，間違いや失敗を宝物だと考えることができる学級にしたいと思っている。また，評価を必ず目に見える形で入れ，児童たちが実感できるようにしている。

地域・学校・学年・児童生徒の状況

●学校と地域の状況

市の中心部から少し離れた場所にある学校で，地域には昔からの住宅街や商店街と，新しくできた都市型のマンションが混在している。地域のつながりは強く，PTA活動も盛んで，保護者は学校行事に協力的である。教育への関心は高く，市の中でも古くから文教地区として知られている。

●学年・児童生徒の状況

1学年3学級の中規模校。学級編制替えはいまも隔年で行っている。職員の年齢構成は若干高く，40代と50代で3分の2，残りの3分の1が20代と30代という，地方でよくみられる年齢構成である。

事例の学級は1年生で，児童数30人（男子16人，女子14人）。担任は学年主任で，昨年，今年と続けて1年生を担任している。児童は，校区にある二つの保育園から入学してくる児童が8割，残りの2割は校区外の保育園や私立の幼稚園を卒園している。数は少ないが，未就学のまま入学してくる児童もいる。

当該学級の状況

●当初の目立った問題点

・何か新しいことをするときに「これでいいのかな」などと不安感が高く，まじめで自信がない児童が多い。
・陽平（A）は幼稚園のときから自分本位な言動が目立ち，友達とのトラブルも多く，パニックになって勝手に集団の場を離れたり，物を投げて壊したりするなどの行動がみられた。医師からADHDの診断を受けていて，月に一回のペースで受診している。医師の判断で薬の服用はない。
・拓磨（B）は，色白でとてもかぼそく，弱々しい印象である。母親の不安が強く子どもと離れることができないために，保育園にも幼稚園にも行かなかった。近所の子どもたちとの接点もなく，未経験のことが多くて，本人も不安がいっぱいである。登校への意識が低く，休みがちである。
・花奈（C）は入学式のときに母親と離れることができず，翌朝からも泣きながら登校してきた。甘えん坊で，ずっと母親のそばにくっついている状況である。

●学級経営をするにあたっての指針

小学校生活に期待いっぱい夢いっぱいの児童もいれば，不安を抱えたまま入学式を迎えた児童もいる。「学校っていいなあ」「友達っていいなあ」「学校大好き」「早く学校へ行きたい」と思わせるために，まずはどの児童も安心して過ごせる居心地のいい学級をつくりたい。低学年の担任経験があるといっても，児童たちはそのつど違うんだということを，常に念頭におくことを心がけていく。

1学期 教師からのアクション
不安を取り除く「スタートカリキュラム」

目標

1学期の目標を「安全が守られ，安心して生活・活動できる学級集団のレベル」から，「学級集団での生活や活動が安定し，友達同士で仲よく生活し，みんなと同じようにいろいろなことに取り組みたいと思える状態」に到達することとする。

集団生活の体験が乏しい児童たちが，学校生活のルール，みんなで活動するときのルール，友達とかかわるときのルールなど，集団生活の最低限のスキルを，一人一人が身につけていけるようにする。さらに，友達と一緒に遊んだり活動したりする体験を通して，少しずつ学校生活のリズムになじんでいける状況を形づくっていきたい。

計画と実施

ルール　楽しくそしてどの児童にも確実に行動させて自然にルールを確立する

①学年全体で1週間のスタートカリキュラムを実施し，どの児童も学校生活の基本的なルールを身につけられるようにする。
②スタートカリキュラムで，「望ましい行動例を示し，やらせて，ほめる」という指導の流れをつくっていく。「ちょこ・ぺた・ぴん」活動を取り入れたり，児童の安全面を重視したルールの徹底を意識する。
③満足感や達成感を味わわせることを意識し，ごほうびシールなど必ず目に見える形での評価を入れ，学習や係活動・遊びなどで「できたこと」を実感させていく。

リレーション　教師がモデルになって友達とかかわる楽しさを味わわせる

①個別に声をかけるときだけでなく，あいさつの場面や全体指導の中でも「○○ちゃん，おはよう」など児童の名前をゆっくりと呼ぶように心がける。児童にとって学校でもっとも信頼し，心を許せる存在に担任がなる。
②教師と児童の関係づくりのために，朝の会で「じゃんけん列車」や「あとだしじゃんけん」など，楽しいショートエクササイズを繰り返し行う。
③休み時間は教師が率先して運動場に行き，「ボール遊び」や「鬼ごっこ」「だるまさんがころんだ」などをする。教師から児童たちに声をかけて一緒に遊ぶ。
④拓磨（B）や花奈（C）など不安の強い児童がいるので，席が隣同士などのペアを活用して，自己紹介やあいさつ，じゃんけんなど，二人組の活動を多く取り入れる。
⑤家庭訪問をして話を聞き，「わが子のことを知ってもらえている」という安心感をもってもらう。特に，不安の強い児童や保護者との関係づくりに努める。

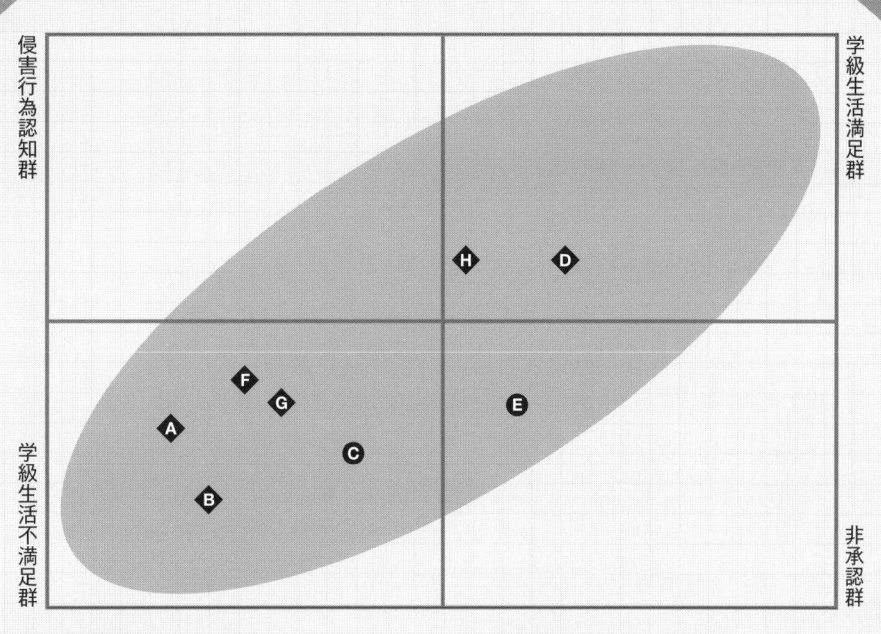

第3章 学級集団づくりの事例 事例1

（グラフ：縦軸上「侵害行為認知群」／縦軸下「学級生活不満足群」、横軸左「学級生活満足群」／横軸右「非承認群」。プロット：H, D が右上象限、F, G, A, C, B が左下象限、E が右下寄り）

■学級の公的なリーダーの児童
【男子】D：スポーツマンで涙もろい。やさしく思いやりがある。
【女子】E：黙って友達の世話ができる。

■学級で影響力の大きい、陰で仕切るような児童
【男子】F：らくがきをしたり、人のいやがることをする。
【女子】該当なし

■態度や行動が気になる児童
【男子】A（陽平）：ADHDがあり、トラブルやパニックがよくある。
B（拓磨）：幼保未就学で、ずっと母親と一緒に過ごしてきた。学校を休みがち。
【女子】C（花奈）：母親と離れられない。

■プロットの位置が教師の日常観察からは疑問に感じられる児童
【男子】G：学習の理解力もあり、のびのびと活動できているので満足群かと思っていた。
【女子】E：小さいことにこだわらず積極的に活動できているので承認得点がもっと高いかと思っていた。

■学級内の小グループを形成する児童
【男子】D, H, G：休み時間にはいつも運動場でスポーツをしている。
【女子】該当なし

■4群にプロットされた児童に共通する特徴
【満足群】マイペースでのびのび活動できている。
【非承認群】気が小さく引っ込み思案。
【侵害行為認知群】保護者が教育熱心。被害意識が強い。
【不満足群】社会的なルールが身についていなくて、行動の仕方がわからない。

■学級の様子と問題と感じていること
　不安が強く自信がない。まじめで「これやってもいいのかな」という不安をもっている。無気力で基本的な生活習慣が身についていない児童や、腕白な反面、集団の前では緊張して声が小さくなり、自分の思いを表現できない児童がいる。

1学期の学級集団の状態 [5月]

1学期　学級集団の反応
「失敗しても大丈夫！」という安心感の醸成

結果

●学級集団のルールの確立ぐあい

　4月当初の職員会議で「1年生の学級経営のあり方」について職員全体に説明し，入学式から1週間をスタートカリキュラムとして位置づけ，どの児童も同じ行動が取れるように，学校生活の基本的なルールの定着に学年全体で取り組んだ。

　その後も学級での取組みを続けた結果，5月の連休ごろには，ランドセルのしまい方や話の聞き方，いすの座り方，提出物の出し方，廊下の歩き方，トイレの使い方など，約7割の児童たちがルールのもとで行動できるようになった。また，給食当番などの係活動にも意欲的に取り組み，張り切って配膳をする姿もみられるようになった。

　集団生活の経験がなかった拓磨も，5月ごろからは自分の朝顔の世話や水やりにすすんで楽しみをみつけるようになり，教室の金魚にも興味をもち始め，生き物係になった。また，グループ学習の中での発言がみられるようになり，表現する場面が増えてきた。家庭訪問をこまめに繰り返したことで，家庭との連絡もだんだんスムーズになってきて，遅刻や欠席に対する保護者の意識も変わり，学校へ連絡をくれるようになった。

●学級集団のリレーションの確立ぐあい

　二人組の活動に慣れてきて，場面によっては4〜6人のグループで活動ができるようになった。水泳の授業でもバディをつくり，安全のために必ず二人組で行動した。児童たちは教室の隣同士の二人組と同じ感覚で，バディの相手と水中じゃんけんをしたり体がきれいにふけているかの点検を行ったりした。

　休み時間の友達との遊びを楽しみ，7月には男女の区別なく外遊びで汗をかく姿がみられた。不安が強い陽平（A）については，無理にみんなと一緒に遊ばせようとするより，陽平が楽しんで遊べる環境をつくることを大切にした。

1学期を振り返って

●おおよそ計画通りに進んだこと

　スタートカリキュラムに取り組んだことで，どの1年生も同じ行動様式を取っているので，児童たちは「やらされている」「窮屈」「めんどくさい」という不満をみせることなく，楽しみながら学校生活の基本的なルールを身につけていった。失敗しても，その過程や「やろうとしたこと」をほめるように心がけたことで，不安の強い児童たちも「失敗しても大丈夫！」と安心して学校生活を過ごしている。

　また教師からの声かけを多くすることや，二人組の活動を取り入れたことで，どの

児童も学校の中に「自分のことをわかってくれている人」ができ，それが「この学級は楽しそうだ」という感じにつながっていると思う。

学期末の個人懇談には拓磨の母親も出席したので，母親のがんばりと拓磨の成長にはめざましいものがあることを伝えた。拓磨だけなく母親の学校生活デビューも成し遂げることができた1学期であった。

●思い通りいかず苦戦したこと

陽平は入学式から1週間は，教室から勝手に出て行くということはなかったのだが，2週めからは下敷きを振り回したり，机の上をピョンピョン跳んだり，いやなことがあると教室から飛び出したりした。5月の連休明けからは，毎時間のように教室から飛び出すようになり，担任一人では対応に困る場面が多くなった。そこで，校内支援委員会に相談し，主治医から衝動性への対応について具体的なアドバイスを受けることにした。

花奈は，友達がなかなかできなくて毎日寂しそうな表情で登校していた。5月の連休明けからは，一人での登校がむずかしくなり，毎朝母親の車で登校してくるようになった。学校に着いても母親の車の座席にしがみついて泣いて，なかなか車から降りることができない。保健室で休んでから教室に来る日もある。

6月の水泳シーズンになると，再び拓磨に欠席が目立ち始めた。なんとかして楽しさを伝えようと，見学しているときに足を濡らしたり，プールの水をさわらせたり，手伝いをさせるなど試みたが，結局水着に着替えることはなかった。

2 学期への課題

長い夏休みは児童たちにとって楽しい反面，生活リズムがくずれたり，せっかく1学期の間に定着していた学校生活の基本的なルールを忘れてしまったりと心配な面もある。2学期は，まず，ルールについてもう一度再確認をするために，1学期のスタートカリキュラムほどていねいな指導ではなくても，「〇〇のやり方はこうだったよね」というように，日常生活や授業の中でそのつどルールの確認を行いながらスタートしたいと考えた。

次にリレーションだが，これも40日間の空白を埋めるために，まずは隣同士の二人組からスタートして，緊張感を取り除いてから新しい班に移行したいと思う。苦戦がみられる陽平や花奈には，学年団や養護教諭の力も借りながらチームでかかわるとともに，担任との1対1の関係を感じさせるように意識し，全体に指示を出したあと，もう一度名前を呼んで直接話したり，顔を見てうなずいたりほほえんだりするように努めたいと思う。

2学期　教師からのアクション
ふれあい活動の充実で，ペア活動を広げる

目標

2学期のゴールを，「学級全体に活気があり，一人一人が自分の力を出しきることができるクラス」とイメージする。小集団の活動をさらに充実させつつ，中集団の仲間づくりを意識して集団の高まりをめざし，学級を意識させていく。さらに音楽会などの学校行事を通して，学級全体で一つのことに取り組む体験をさせたい。

計画と実施

ルール　ルールの意味や必要性を考えて行動できるようにする

①1学期に習得した行動様式のなかで，「できていること」と「忘れていること」を確認して，忘れているルールはもう一度教えていく。そのために，一人一人の夏休みの生活の様子をつかんでおく。

②2学期になると個人差が出てくる場面が増えると予想されるので，ほめられる児童が偏らないように，よいことをしたときやルールが守れたときには，その場で具体的にほめて，あとで全体へも広めるようにする。がんばりシールやミニ表彰状など，目に見える形の評価も継続する。

③音楽会や遠足などの大きな学校行事は，児童の主体性を育てるチャンスととらえ，教師からの指示が多くなり過ぎないよう気をつけて取り組む。

リレーション　温かい雰囲気のなかでかかわり合い，自己理解と他者理解が進む

①朝の会に「お話タイム」（1分間スピーチ）を設定する。友達の話を聞くことや自分のことを友達に聞いてもらう体験を通して，自己理解・他者理解を図る。また，話し方や聞き方のスキルを身につけていく。

②二人組の活動のなかに，考え方や意見の交流を行う場面を設定し，自分とは違った意見や考え方を知る機会とする。さらに二人組で話し合ったことを4人のグループに広げ，4人のアイデアとして発表する合意形成の場面も設定する。

③集団が固定化しないように休み時間の遊び方に配慮する。「〇人遊び」と名づけて，遊ぶ人数を意識させる遊び方を，教師がリーダーになって教える。

④他者への関心を育てるための取組みをする。帰りの会に「ありがとうカード」や「いいとこ発見」などのコーナーを設定して，ルールが守れている友達を紹介したり，ほめてあげたいと思う友達を紹介したりする。

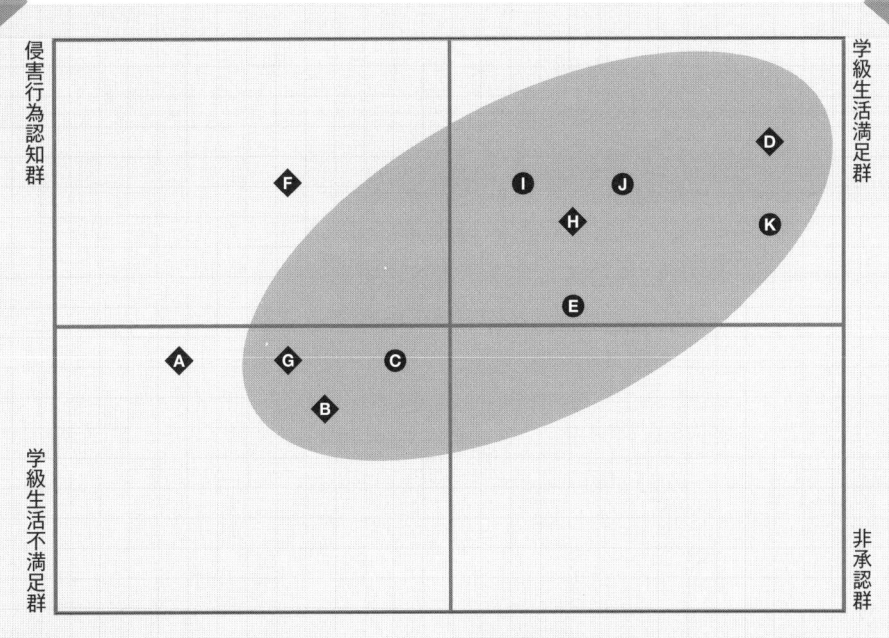

第3章 学級集団づくりの事例　事例1

（散布図：縦軸「侵害行為認知群／学級生活不満足群」、横軸「学級生活満足群／非承認群」。プロット：A, B, C, G は左下寄り、E は中央やや下、F は左上、H, I, J, K, D は右上の象限内）

■学級の公的なリーダーの児童
【男子】D：やさしく思いやりがある。
【女子】E：黙って友達の世話ができる。
■学級で影響力の大きい，陰で仕切るような児童
【男子】F：らくがきをしたり，人のいやがることをする。
【女子】該当なし
■態度や行動が気になる児童
【男子】B（拓磨）：行事など，初めての体験ばかりで不安な様子がある。
A（陽平）：離席は減ったが，学習面・生活面で支援が必要。
【女子】C（花奈）：登校をしぶるようになってきた。
■プロットの位置が教師の日常観察からは疑問に感じられる児童
【男子】G
【女子】該当なし

■学級内の小グループを形成する児童
【男子】D，H，G：休み時間に運動場で遊ぶグループ。
【女子】I，J，K：図書室が大好きなグループ。
■4群にプロットされた児童に共通する特徴
【満足群】勉強も好き，外で遊ぶのも好きな児童たち。
【非承認群】保護者が忙しくあまりかまってもらえない。
【侵害行為認知群】教師に隠れていたずらをすることがある。
【不満足群】保護者の不安が強い。友達の後ろをついて行くタイプ。
■学級の様子と問題と感じていること
　男子は積極的で授業中によく発言もするが，女子がおとなしい。C（花奈）が登校をしぶるようになり，個別支援の必要性を感じている。集団で遊ぶ場面が多くみられるようになった反面，休み時間に小さなトラブルがたびたび起こるようになった。

2学期半ばの学級集団の状態［11月］

2学期 学級集団の反応
小集団の成立と個別支援の拡充

■ 結果

●学級集団のルールの確立ぐあい

　夏休み明けに,「定着しているルール」と「忘れてしまっているルール」を再確認して,もう一度ルールを学ぶ機会をもったことで,児童たちは不安をもつことなく,学校生活のスタートをきることができた。忘れ物が少なくなり,「早寝,早起き,朝ごはん」などの基本的な生活習慣を意識するようになり,みんなで取り組むことの意義を感じるようになった。

　学習場面では積極性がみられるようになり,自信をもって発言したり,新たな発見について「ああ,そうなんだ！」「あっ,わかったぁ！」「見つけた！」といった発言をしたり,驚きや納得の表情が豊かに表れるようになった。

　「がんばりカード」では,毎日の取組みの積み重ねが,見える形の結果として残ることに気づき,児童たちが喜びをみつけるようになった。

　拓磨（B）にとっては初めて経験する音楽会であったが,全校児童の前で「始めの言葉」を発表し,合奏にも堂々と参加した。母親は音楽会には来ることができなかったが,父親が体育館の保護者席から大きな拍手を贈ってくれた。

●学級集団のリレーションの確立ぐあい

　二人組や4人組を意識した活動のなかで,仲間から学ぶことや,自分の考えを工夫して相手に伝えることに関心を示すようになった。ペア音読や相互評価などの簡単な教え合い学習や,4人組での相談の仕方も学習し,前向きで向上心が旺盛な集団としての高まりが感じられるようになった。個人の成長と集団が育っていくことの両方を感じることができた2学期であった。

■ 2学期を振り返って

●おおよそ計画通りに進んだこと

　毎朝「お話タイム」と題して,1分間スピーチをすることから学校生活をスタートした。友達の話を聞くことで,仲間に関心を向ける場面が増え,友達とのかかわりを楽しんでいる様子がうかがえた。休み時間は,小集団で体を使った遊びをよくするようになり,友達と遊ぶ楽しさを体で実感しているように思った。生活科の授業や夏休みの宿題の自由研究がきっかけで昆虫や植物に興味や関心を示す児童が増え,生き物係をやりたいと自ら立候補する児童も現れた。集団生活の経験がなかった拓磨は未経験なことの連続で,とまどう場面もあった。

　帰りの会の「いいとこ発見」では,自分の良さをほめられることがうれしく,自尊

感情の高まりが感じられた。「ありがとうカード」を友達へ渡すときには，友達の良さを素直に伝えることができた。他者理解が深まり，学級の中での居心地の良さを味わうことができるようになってきた。

● **思い通りいかず苦戦したこと**

児童たちが活発になり，遊具やボール遊びにも興味を示すようになってきたが，そのなかで小さなトラブルがたびたび起こるようになった。トラブルへの対処の仕方がわからず，すぐに泣いたり，帰宅してから親に訴えたりする児童もいた。そこで，悪いと思ったら自分から「ごめんなさい」を言う，「ごめんなさい」と言われたら「気にしなくてもいいよ」と言う，というようなトラブルへの対処法を知らせておくようにした。

花奈（C）は不安定な状態が続き，音楽会のあとからは登校しぶりがみられるようになった。これまでも母親に送られて登校していたが，自宅で車に乗ることにも抵抗を示すようになり，心配になってきたので保護者に相談機関を紹介した。相談機関の担当者と連携をしながら，学級の中での花奈の不安を解消していけるような手だてを考えていくことにした。

3学期への課題

どの児童も同じ行動様式が取れることを目標に，1学期から取り組んできたことで，1年生で身につけさせたいルールはほぼ定着した。2年生になるにあたって，どうしてそうする必要があるのかについて理解させていきたいと思う。

何事に対しても児童たちから「やりたい。やりたい」という積極的な声が聞かれ，意欲的で活発な集団が育ちつつある。その反面，おとなしくてあまり目立たない児童たちの存在感が薄くなってしまう心配が出てきた。そこで，日直や係活動のなかで，互いのいいところをみつけ，認め合い，学び合えるような時間を設定したいと思っている。また，学校の様子を保護者に知ってもらい，それが家での会話の話題となるように，学級通信の内容を工夫し，発行する回数も月に2回から毎週に増やしていこうと思っている。

陽平（A）は1学期に比べると教室から飛び出す頻度は少なくなったが，まだ心配な様子がみられるので，2学期末の校内支援委員会で次のことを確認した。

・授業は15分ごとに小休止を入れたり，授業の形態を変えるなどの工夫をする。
・学習面では，陽平が落ち着いて学習する習慣を身につけるために，時間を決めて特別支援学級を利用し，1対1で学習する。特に漢字の学習を行う。
・教室にいる時間はTTの教員がそばにつき，本人のやりたい気持ちを確認しながら授業を進める（主導権はあくまで教師が握る）。
・授業の進め方では，見てわかるような教材の提示の仕方を工夫する。
・宿題は保健室で済ませて帰ってもよいことにするが，本読みだけは家庭でする。

3学期 教師からのアクション
「いいところみつけ」で認め合いの促進

■目標

　3学期は、学級全体での認め合いをさらに促進し、集団で活動することの達成感や満足感を味わわせたいと考えている。1年間のまとめや復習を通して「自分は入学したときと比べて心も体も成長し、こんなことができるようになった。友達が○人できた」などと自分の成長に気づき、喜ぶことができるような児童たちに育ってほしいと考えている。

■計画と実施

ルール　ルールを守るからこそ安心して生活できることの意味を考えさせる

①学級の一員であるという自覚を育てるために、係活動を積極的に取り入れるようにする。
②班の活動のなかで、役割を決めて活動するということを意識させていく。
③学級活動では、班長の指示に従い、協力することの大切さを学ばせていく。

リレーション　友達のよいところをみつけ、認め合い学び合える関係をつくる

①「お話タイム」の取組みが定着してきたので、さらに一歩進めて、友達のスピーチの内容に対して質問をしたり、感想を言う時間をとるようにしていく。友達のいいところを自分の言葉で直接伝える機会とする。
②朝の会の「じゃんけん列車」で、教師が音楽をかけたり指示をしたりするのでなく、日直が自分たちで進めていくことができるようにする。「リーダーに協力して活動する」ことを意識させて取り組んでいく。
③新しい1年生を迎えるための「一日入学」という行事に向けて、歌の練習や小学校の様子の紹介、プレゼントづくりなどに取り組むことを通して、1年間の自分たちの成長を意識させるとともに、集団の結束を意識させていく。

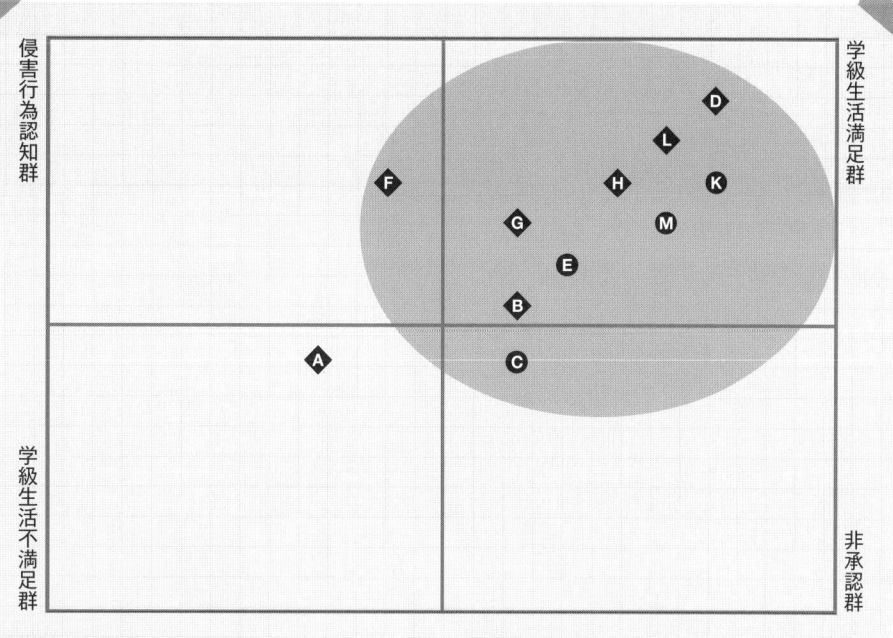

(図：学級集団の状態を示す四象限プロット。縦軸上部「侵害行為認知群」／下部「学級生活不満足群」、横軸右上「学級生活満足群」／右下「非承認群」。第1象限（満足群）に D, L, H, K, M, G, E, B, C が楕円内にプロットされ、第2象限側に F、第3象限に A が位置する。）

■学級の公的なリーダーの児童
【男子】D：やさしく思いやりがある。
L：正義感が強く、友達に対しても注意することができる。
【女子】M：おとなしいがしっかりしている。まじめでコツコツと仕事をこなすタイプ。

■学級で影響力の大きい、陰で仕切るような児童
【男子】F：らくがきをしたり、人のいやがることをする。
【女子】該当なし

■態度や行動が気になる児童
【男子】B（拓磨）、A（陽平）
【女子】C（花奈）

■プロットの位置が教師の日常観察からは疑問に感じられる児童
【男子】該当なし
【女子】該当なし

■学級内の小グループを形成する児童
【男子】D, H, G：活発で休み時間にはドッジボールなどをして運動場で遊ぶグループ。
【女子】E, M, K：読書が好きで図書室によく行く。友達の世話がよくできるグループ。

■4群にプロットされた児童に共通する特徴
【満足群】活発で自分に自信のある児童。友達も多い。
【非承認群】学校生活にまだ少し不安を感じている様子がみられる。
【侵害行為認知群】「○○くんに〜された」と訴えてくることがあり、友達とのトラブルが多い。
【不満足群】自分勝手な行動をとることがあり、友達が少ない。集団での行動が苦手。

■学級の様子と問題と感じていること
　何に対しても意欲的で「やりたい」という意欲がみられる。特に男子が積極的である。掃除や係活動は、女子はまじめに取り組めているが男子は少し雑な面がある。

学年末の学級集団の状態［2月］

3学期 学級集団の反応

自主性が生まれ，活発で学び合う集団に

結果

●学級集団のルールの確立ぐあい

学校生活の約束ごとが守れているかどうかを自分たちでチェックし合うようになった。学習規律も身につき，授業に意欲的に参加している。算数の50問チャレンジもいやがらずに取り組むことができて，タイムトライでは，他人と比較するだけでなく，前日より1秒短縮したことに喜ぶ児童の姿があった。

●学級集団のリレーションの確立ぐあい

失敗することへの不安が高い児童が多かったが，みんなと一緒に活動することの楽しさを味わえるようになった。困っている友達に「どうしたの？」という声をかける児童もいて，学級の仲間であるという意識が高まりつつある。

3学期を振り返って

●おおよそ計画通りに進んだこと

担任が思い描いていた「自分大好き，友達大好き」と感じる児童がだんだんと増えてきた手ごたえを感じている。子どもらしく素直に喜びを表現している姿を見ていると，1学期の不安そうな様子が嘘のように感じる。

陽平（A）は，教室から飛び出していくことがめっきり少なくなり，どうしても我慢できないときは自分から許可をもらって，学習の課題をもって保健室に行くようになった。また，休み時間の終わりのチャイムを気にするようになり，「あと何分？」「ここまで読んでもいい？」と聞き，自分を納得させるようになった。友達とのかかわりもでき，休み時間には自分の作ったおもちゃの説明をする姿もみられるようになった。

●思い通りいかず苦戦したこと

花奈（C）は3学期に入っても登校時の不安が解消されず，相談機関に週に一度通っている。しかし，そこでの活動（工作やおしゃべりなど）が励みになり，徐々に朝の母親との別離にも時間がかからなくなった。2月の初旬に行った算数の公開授業では，大勢の参観の先生がいるなかでも手をあげて発表することができた。

1年間を振り返って

2年生へと進級するにあたって，もう一度学年団で「学校生活のきまり」の確認をして，確実に守れるようにしたいと思っている。学習や係活動でがんばったことをクラスで共有し，自分たちの成長を確かめ合う場面を設定したいと思っている。

事 例 解 説 1

小集団成立過程で葛藤があった学級集団【1年生】
浅川早苗

●小学校生活への適応指導が必要な1年生のスタート

近年，幼稚園・保育園から小学校入学へのスムーズな接続が大きな課題となっています。対人関係の経験が乏しい児童にとって，新たな環境への適応は難関です。本事例でも，「まじめで自信がない」児童たちへの対応と，個別支援が必要だと考えられる陽平（A），保護者への支援や連携も必要だと考えられる拓磨（B）や花奈（C）に対する学校生活への適応指導を，並行して行うことが必要だと考えられました。

そこで，学年主任でもあった担任は，学年に「スタートカリキュラム」を提案し，学校の生活や学習のルールについての指導に一斉に取り組みました。また，「楽しい」活動を組み入れながら「やらせて，ほめる」ことを積み重ねました。これにより，児童は抵抗なくルールを身につけ，学校生活への不安を解消することができました。

●小集団成立過程での葛藤と，その考えられる理由

「スタートカリキュラム」の実施や，適時適切な評価による「ルール」の定着，教師がリーダーとなったかかわり活動や，認め合い活動による「リレーション」の形成により，学級集団全体の向上がみられたいっぽうで，個別支援が必要な児童への対応が本学級の課題となりました。また，児童同士のかかわりが増えたことで，トラブルが多く発生するようになりました。そこで担任は，トラブルへの対応の仕方を一つ一つていねいに指導し，児童のソーシャルスキルを向上させていきました。このことは，トラブル防止だけでなく，児童の人間関係を深める機会につながったと考えられます。

●小集団成立過程での葛藤に対して，この対応がよかった

個別支援が必要な児童への対応において，参考にしたいポイントが三つあります。

一つめは校内支援委員会の活用です。教室を飛び出してしまう陽平に合わせた効果的な学習方法の検討や，TTや保健室の活用といった人的支援などを，担任の求めに応じて，具体的に行っています。

二つめは，集団の教育力の活用です。「スピーチ」や「ありがとうカード」の認め合い活動により，児童の不安を払拭し，温かい関係を築きました。

三つめは，保護者との信頼関係づくりです。児童のがんばりや成長を伝えるプラスのメッセージを常に発信しています。保護者の不安を取り除くことは児童の安心感にもつながります。特に1年生では大事なことです。

●この事例から得られる，学級集団づくりの鉄則

本事例の学級は，混沌・緊張期から小集団を経て中集団成立へと移行したと考えられます。スタート段階の集中的な取組みと，その後の確認と修正により，学級集団の「ルール」がまず定着しました。「リレーション」形成については，多様な認め合い活動やかかわり活動をペア活動から4人グループへ展開，さらに行事を通した役割活動と，あせらず段階を追って，展開していったことがとても有効でした。

こうして互いに認め合う集団へと高まることで，個別支援が必要な児童も集団の中で認められる存在となり，問題行動が減少していきました。

小集団成立過程の葛藤

集団づくりの経過
-3 -2 -1 1 2 3 4

乱暴な児童による影響が深刻な学級
荒れ始めの1年生で集団を形成した事例

キーワード
1年生，学級35人，外遊び，個別支援，学習困難

一　学級経営の背景
乱暴な男子に振り回されるバラバラな集団

学級担任の紹介，教育観

●教師になった理由，年齢，教師歴

　新任2年め，20代半ばの男性教師。子どもとかかわることが好きで教師をめざした。大学で学級経営やSGEについて学び，集団にアプローチする面白さを感じ，自分も指導に生かしてみたいという思いを強くもつようになった。

●学級経営に対する考え方

　初めての担任なので，はっきりとした考え方はまだない。大学時代に学んだ，「子どもたちの人間関係の広がりや深まりが，意欲的に生活を送る原動力となる」「子どもたちが，学級集団の中で共通のルールを共有し合うことが，安心して生活できる基礎となる」，この二つの考え方が自分の大きなよりどころとなっている。「児童たちが自主的に活動したくなる学級集団」を大切にしたいと考えている。

●指導タイプ

　年齢が若いこともあり，児童と一緒に休み時間に外で遊んだり，楽しく会話をしたりする機会は多いほうである。いっぽうでけじめをつけることも大切に考え，指導すべきときには厳しい態度を取るようにしている。経験が浅いため，指導の見通しがも

てずに一貫性のない指導になったり，児童に響かない指導になったりしていると感じることもある。

地域・学校・学年・児童生徒の状況

●学校と地域の状況

市街地から少し離れたところにある，1学年3～4学級の中規模校。校区は昔からある一戸建てや賃貸アパート，公営住宅などが並ぶ住宅街だが，最近は新しく住宅地の開発が進み，児童の数が年々増加している。地域の結びつきは強く，地域の祭りなども盛大に行われる。男女の教員がほぼ半数で，50代が3分の1，40代後半が3分の1，40代前半と30代と20代で3分の1と，近隣では少し高い年齢構成である。

●学年・児童生徒の状況

児童は3分の1が近くの幼稚園から，残りの3分の2が周辺の保育園から入学してくる。事例の学級は1年生，児童数35人（男子16人，女子19人）。乱暴な児童が多く，担任がいないと，かなりの割合でトラブルが起こる。学年で唯一の男性教諭として，幼稚園や保育園の引き継ぎを元に，やんちゃな男子の指導にもっとも力が必要そうな学級を受け持つことになった。

当該学級の状況

●当初の目立った問題点

・登校後，男子7～8人がロッカーに向けてランドセルを投げて遊んでいたり，騒いで給食が時間内に食べ終わらなかったりと，常に騒々しく落ち着きがない。
・授業に落ち着いて参加できない児童がおり，特に音楽の授業では，龍一，哲也，登が中心になって授業を妨害するため，授業が成立しにくい。
・龍一（A）は特に乱暴で，拾ってきた木の棒で友達のおなかをついたり，列がせまいからと座っている児童の顔を思い切り蹴ってどけようとしたりする。実際に大きなけがにつながることもある。
・哲也（B）は，注意されたりからかわれたりすると，カッとなって物を投げたり，机をひっくりかえしたりすることがある。落ち着くまでに時間がかかる。
・登（C）は，集団での行動がむずかしく，全員への指示を聞いて動くことができない。

●学級経営をするにあたっての指針

児童のトラブルが多く予想されるので，まずは落ち着いて過ごせるように，やることの手順を細分化して，一つ一つ徹底的に指導していく必要性を感じている。乱暴や暴力については，児童が行動にいたる経緯をじっくりと理解し，とめるように厳しく指導することが必要である。いっぽう，休み時間や学級会ではみんなで一緒に遊ぶ時間をつくることで，仲よくすることの楽しさを実感してほしいと考えている。

1学期　教師からのアクション
学習と安心できる生活環境の保障

目標

　1学期のゴールを「学級のルールを意識して動くことのできる児童が半数程度おり，小集団でならだれとでもほどほどにかかわることができるレベル」とイメージして，「学級での生活に不安を感じている児童たちが，朝の時間，休み時間，給食時間などの過ごし方を覚え，生活のリズムをつくることができる状態」と「同じ学級になった友達と仲よくしようという気持ちが高まる状態」をめざした計画を練る。

計画と実施

ルール　落ち着いて生活することができるリズムを構築する

①朝は担任が最初に教室に入り，「ランドセルの片づけ」「連絡ノートの提出」「宿題の提出」「ひらがな帳の直し」「自由帳や読書」の5つを紙に書いて掲示し，この手順で活動できるように，繰り返し声かけをする。

②給食を落ち着いて食べることができるように，児童全員の席は正面に向けたままにする。準備から片づけまでが終了時刻に間に合ったときには，「よくできたね！」「時間に間に合って食べることができてすごい！」と伝える。教師は全体の様子が見渡せ，片づけの様子も見ることができるように教室の前の机で食べる。

③児童のトラブルを避けるために，授業にはプリント学習など作業的なものを多く取り入れる。落ち着いて授業に取り組めたら「今日はうまく授業が進められたね！」「今日はとてもいい受け方だね」と伝える。

④この学級がよくなっていくために「暴力をなくそう」「悪いことをしたらあやまろう」と伝え，みんなで守って楽しい学級にしていくことを約束する。もしルールを破った場合は，教師が厳しく注意をしていくことも確認する。

リレーション　教師と児童の関係をより深める。学級で安心して過ごすことができるように，少人数でのかかわり方を学ぶ機会を増やす

①休み時間に，男女一緒に外で鬼ごっこをする。担任が「遊びにいこう！」と児童を促すが，強制はしない。

②落ち着いて授業ができたら，5分程度，じゃんけんゲームや簡単な手遊びなどをする。多くの人数でかかわるとトラブルになりやすいので，隣の席の人と行う。

③学級通信を発行し，児童たちのよかった行動や活動の感想を載せる。学級でも読み合うことで，友達のがんばりがわかるようにする。

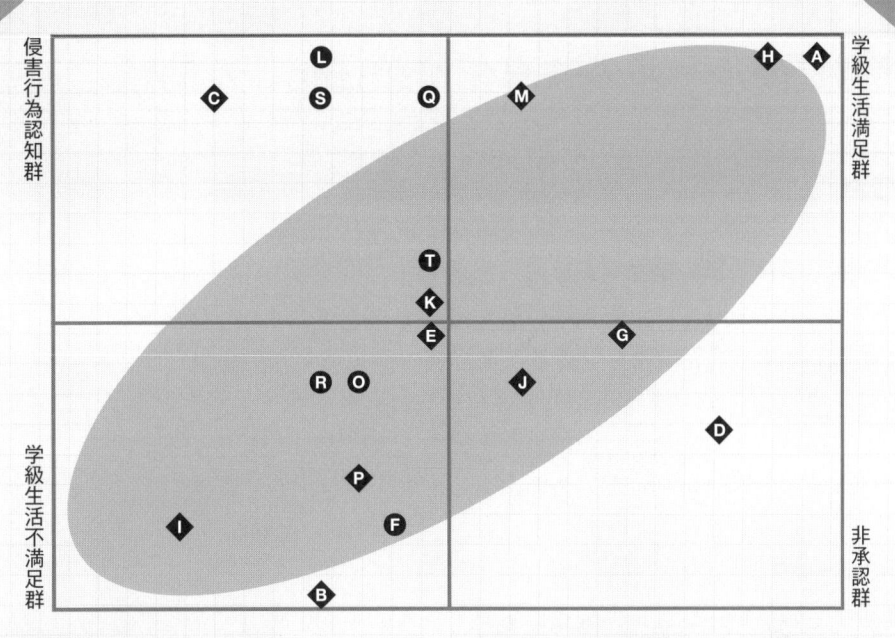

縦軸上: 侵害行為認知群 / 学級生活満足群
縦軸下: 学級生活不満足群 / 非承認群

(散布図: C, L, S, Q, M, H, A, T, K, E, G, R, O, J, D, P, I, F, B がプロットされている)

■学級の公的なリーダーの児童
【男子】J:とても明るくみんなから人気があり,遊びの中心になっている。
【女子】該当なし

■学級で影響力の大きい,陰で仕切るような児童
【男子】K:学童のリーダー。言葉づかいが荒く,命令口調になる。
【女子】L:気に入らないことがあると友達を仲間はずれにすることもある。

■態度や行動が気になる児童
【男子】B(哲也):キレやすい。自信がない。
C(登):マイペース。全体指導では動けない。
A(龍一):乱暴でけがにつながることもある。落ち着きがない。
I(京介):無気力で授業中伏せている。
D(航太郎):「トイレ」以外,先生とも友達ともしゃべったことがない。
M, H:低学力。自分の名前を書くことがむずかしい。
【女子】O:授業に集中できない。
F(恵美):LD傾向。

■プロットの位置が教師の日常観察からは疑問に感じられる児童
【男子】【女子】全体的にここまで被侵害得点が高いとは思わなかった。

■学級内の小グループを形成する児童
【男子】P, M:自由帳に絵を描いたり,二人で学校探検に出かけている。
【女子】Q, R, L, S, T:このなかで,仲間外れをすることがあった。

■4群にプロットされた児童に共通する特徴
【満足群】A(龍一)と,まじめで何事にも一生懸命取り組む児童。
【非承認群】学習の意欲は高い。
【侵害行為認知群】明るくものごとに積極的に取り組む児童が多い。
【不満足群】自己中心的な児童,自分の殻に閉じこもりがちな児童が多い。

■学級の様子と問題と感じていること
　男子同士のトラブルが多い。A(龍一)は男子だけでなく,女子へのいやがらせも頻繁にあり,授業中も落ち着かない状況である。そのような状況から,仲よく,落ち着いた環境で学習に取り組めるようにしていきたい。

1学期の学級集団の状態[5月]

1学期 学級集団の反応
最低限のルールの共有化と顕在化した問題

結果

● 学級集団のルールの確立ぐあい

　朝の時間や給食時間は，児童に行動が定着するまで，毎日同じリズムで同じ指導を繰り返した。その結果，5月中ごろには，朝のランドセルの片づけがすばやく行えるようになり，ひらがな帳の直しにも落ち着いて取り組むことができるようになった。給食も，ほとんどの児童が時間内に食べ終わるようになった。

　男子の多くは，気に入らないことがあっても，手を出して解決しようとすることは少なくなったが，龍一（A）の行動は収まらず，授業中に教室を歩き回ったり，友達の物を取り上げたりすることがあった。

● 学級集団のリレーションの確立ぐあい

　1学期の初めは，龍一や男子同士のトラブルが多く起きたので，たくさんの人数で交流することは減らし，二人組の活動を意識して行った。活動を繰り返すうちに，徐々に児童たちから，もっといろいろな人とかかわりたいという思いが出てきたように感じる。

　休み時間の外遊びを通して，「ふえ鬼」が学級の定番の遊びになってきた。やがて「ふえ鬼する人，外に行こう！」と，児童同士で誘い合うようになり，多いときでは学級の半数が集まって外で遊んでいた。だれとも話すことがなかった航太郎（D）も，「先生と一緒に行こうよ！」と担任が誘い，輪の中にうまく入れるようにした。不思議と「ふえ鬼」のときはトラブルがあまり起きなかった。

　学級通信では，「休み時間に，落ちていた雑巾をていねいに折りたたむ○○さん」など，児童ががんばったことを，小さなことでもできるだけ多く紹介した。智紀（E）は，家庭でも学級通信を自慢し，毎日雑巾の整理をするようになった。

1学期を振り返って

● おおよそ計画通りに進んだこと

　落ち着いて授業を受けられない男子児童の存在があるが，日常の活動はだいぶスムーズになり，学期初めに計画した通り，よい成果がでてきたように思う。また，たくさんの友達を誘って外で遊ぼうとする男子たちと，学級のきまりを大切に考え，きちんと守ろうとする女子たちの存在があり，学級にある程度のまとまりがみられるようになった。

〔そのほかのめぼしい成果（新しいリソース）〕
①「朝の時間の過ごし方」「給食の時間の過ごし方」などについて，手順を細分化し

て指導したことで，児童が次に何をすればよいのかが明確になり，ルールを基準とした行動の定着につながった。
②休み時間に担任も一緒に外遊びをしたことで，参加していた半数の男女と信頼関係を構築することができた。

●思い通りいかず苦戦したこと

特に１学期の初めは，龍一が男女かまわずに暴力をふるったり，からかったりすることが続き，教師はその対応に追われた。

５月のＱ-Ｕで，想像以上に児童の被侵害得点が高かったことから，侵害行為認知群と不満足群の児童には，個別に面談を行った。面談をした児童のうちの80％以上が，龍一に暴力をふるわれたりいやがらせを受けたりすることがあり，とてもつらいと感じていることがわかった。しかし，龍一に対しては苦戦が続いた。強めの指導を行えば，とりあえず龍一の行動が落ち着くだろうと思っていたのだが，そのようにはいかなかった。

そんなある日，地域の人から夜８時ごろに公園に児童がいるとの連絡があり，急いで公園に向かった。するとそこには，公園の電灯の下で宿題をしている龍一の姿があった。聞くと，毎日両親が家に帰ってくるのは，夜の８時半ごろだと言う。「先生，家の人が帰るまでここにいてよ」とさみしそうに話す龍一の様子から，もっと信頼関係をつくりながら対応していく必要があることを感じた。

哲也（Ｂ）の対応にも苦戦が続いた。パニックが起こるポイントがだんだんとわかってきて，教師や友達から注意されたとき，友達からからかわれたとき，そして自分の苦手なことに挑戦するときに配慮することで，パニックの状態になる回数は減ってきた。しかし，完全にはなくならず，週に一度は泣きわめき，自分の持ち物を思いきり投げたり，教室の長机をひっくり返し，力まかせに引きずったりすることが続いた。事情を聞こうとしても「うるせぇ」「おれなんかどうせだめなんだ！」と叫ぶように繰り返し，落ち着いて話ができるようになるまでに１時間以上がかかった。哲也の言動からは自己肯定感の低さを感じたが，どのようにアプローチしていくか悩んだ。

２学期への課題

いやな思いをしている児童に対して，「龍一から暴力やいやがらせを受けることがなくなるようにしていくこと」を約束した。そして「龍一も含めてみんな楽しく学校生活が送れるといいね」ということを伝えた。龍一に対しては，指導する内容をより具体的にし，少しずつ段階的に変えていくことが必要だと考えた。そこで，まず「友達をたたかない，友達を蹴らない」という目標を立て，その日一日はどうだったかを，毎日確認していくことにした。

学級全体では，授業もおおむね落ち着いて受けることができてきたので，二人組の活動のパターンを増やし，隣同士だけでなく，席をずらしたり，入れ替えたりしながらかかわりをより広げていくことにした。

2学期 教師からのアクション
ルールの定着を徹底し，学級全体で共有する

目標

2学期のゴールを，「小集団で活動を行う際のルールが一人一人に定着し，中集団になっても協力して活動を行うことができるレベル」とイメージして，「4人程度のグループ活動を仲よく行うことができる状態」と「生活班での活動や係活動に，児童たちが意欲的に取り組むことができる状態」をめざした計画を練る。

計画と実施

ルール　みんなで活動するうえで必要なルールやマナーを特に意識して行動できるようにする

① 「みんなで楽しく生活するためには，ルールやマナーを守ることが，とても大切であること」「だれかがルールを破れば，だれかがいやな思いをすることにつながること」，この2点を状況に合わせて繰り返し伝えていく。
② 授業では，「話し合いがうまく進むためのルールやマナー」を細かく設定し，それを紙に書いて掲示して，繰り返し練習する。
　例：すばやく席を替えること。順番に意見を言うこと。聞くときは，話す人に体を向けること。話す内容は黒板に書いてある話形「わたしは，くまさんは〜な気持ちだったと思います。」に当てはめて発表すること。発表が終わったら拍手をすること。
③ 係活動では，「気持ちよく係活動をするためのルールやマナー」を細かく設定し，みんなで確認して，できなかった部分は②と同様に繰り返し練習する。
　配り係の例：配布物を投げずに机の上に置くこと。係のメンバーに声をかけ，配布物を均等に分けてから配りはじめること。自分が配り終わったらまだの人を気持ちよく手伝うこと，受け取った側は「ありがとう」ということ。

リレーション　班で交流する楽しさを感じたり，みんなで遊ぶ楽しさを感じたりすることを通して，人間関係の広がりをめざす

① 「鬼ごっこ」「ハンカチ落とし」「なんでもバスケット」など，学級のみんなで遊ぶ機会を定期的に設定する。
② 授業では，音読という枠のなかで，班でたくさんの交流をさせる。一文交代で読むだけでなく，役割に分かれて読んだり，動きをつけて読んだりする。

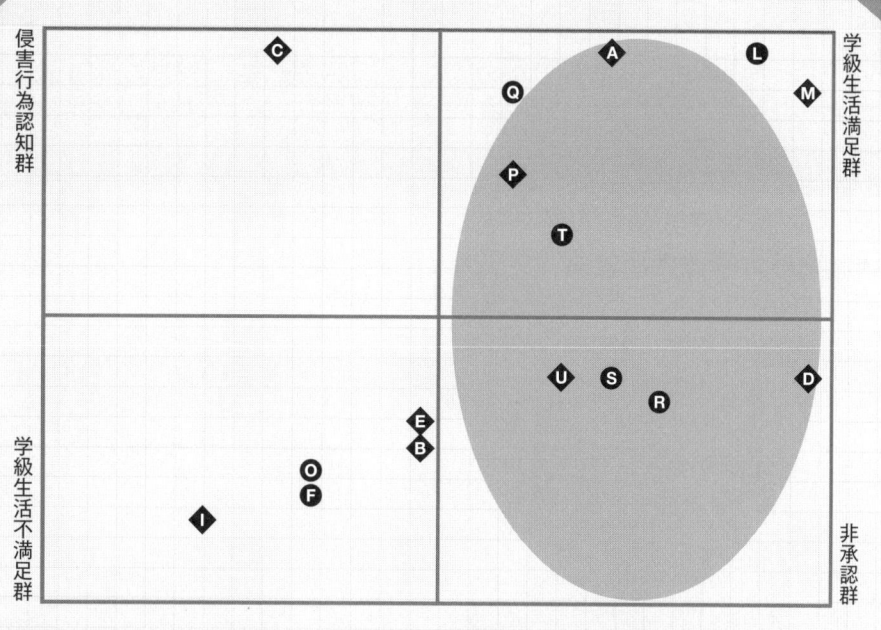

第3章 学級集団づくりの事例 事例2

■学級の公的なリーダーの児童
【男子】U：学力が高く，全員の前で堂々と正しく話をすることができる。
【女子】R：気が強く，みんなの前でもはきはきと話をすることができる。

■学級で影響力の大きい，陰で仕切るような児童
【男子】A（龍一）：男女かまわずちょっかいを出す。B（哲也）へのからかいが激しい。
【女子】R，L：気に入らないことがあると友達を仲間はずれにすることがある。

■態度や行動が気になる児童
【男子】B（哲也）：キレやすい。自信がない。授業中ストレスで鉛筆を折る。
C（登）：マイペース。全体指導では動けない。
A（龍一）：Rへのからかいが特に激しい。
I（京介）：無気力で授業中伏せる。
D（航太郎）：先生とも友達とも会話をすることがない。
【女子】O：授業に集中できない。
F（恵美）：LD傾向。

■プロットの位置が教師の日常観察からは疑問に感じられる児童
【男子】U：学級のリーダー的存在で，なぜここまで承認感が低いのか疑問。
【女子】該当なし

■学級内の小グループを形成する児童
【男子】P，M：休み時間もじっと教室にいる。
【女子】Q，R，L，S，T：上下関係があるような感じがする。

■4群にプロットされた児童に共通する特徴
【満足群】A（龍一）と，学習に対し意欲的で，落ち着いて生活を送っている児童。
【非承認群】まじめだが，全体の場で活躍する場面が少ない。
【侵害行為認知群】発達的に顕著な遅れがみられる。
【不満足群】孤立しがちな児童。低学力で，全体指導ではついていけない児童。

■学級の様子と問題と感じていること
　男子のトラブルへの対応に時間をさいたためか，ほかの友人関係や学習面で配慮を要する児童への支援が不足し，それらの児童の意欲が低下していることを感じた。

2学期の学級集団の状態［10月］

2学期 学級集団の反応

小グループの活動が成立し，学級モラルが向上

結果

●学級集団のルールの確立ぐあい

　授業の中で，班の話し合い活動を，一定の流れで繰り返し実施した。初めのころは，活動開始の指示をしたあとに少しの"間"があった。班の中でだれが仕切るのかをうかがうような"間"である。この"間"も徐々になくなり，指示のあとに，すぐに話し合いがスタートするようになった。一人一人が活動全体の流れを理解し，班としてもそれを共有することができたからだと思う。

　係活動でも，仕事の手順やルールを細かく指示することで，それぞれの役割が何をするのか，班の全員が覚えることができた。その結果，一人一人が積極的に行動したり，互いに声をかけ合ったりする姿がみられるようになった。

　朝の時間や給食の過ごし方は，教師からの指導がなくてもルールを守ることができるようになった。

　龍一（A）は落ち着きがないところは変わらないが，「友達をなぐったり，蹴ったりしない」という約束については，確実に守るようになってきた。

●学級集団のリレーションの確立ぐあい

　仲のよい友達にこだわらず，学級の仲間とならどんな人とでも仲よくしようとする態度を感じるようになった。ルールが守られていやな思いをすることが減り，安心してかかわることができるようになったのか，11月に入ると，学級内のリレーションが急に広がりをみせた。

2学期を振り返って

●おおよそ計画通りに進んだこと

　龍一が蹴るなぐるなどの行動をしなくなったことは，学級にとって大きな意味があった。10月後半まであった男子の中のトラブルも少なくなり，11月ごろには，龍一が哲也（B）をからかうことで起こるトラブルに問題が限定されてきた。

　10月後半までは，児童の表情や動きにかたさを感じたが，11月に入ると，のびのびと活動する様子に変わってきた。これは，2学期の初めに，学級生活のルールを徹底しようと，強く細かい指導で型にはめていったような状況も影響していたと思う。

　2学期末には，「昔遊びについて知ろう」というテーマで，お年寄りの方々と交流する行事があった。「司会」や「はじめの言葉」「案内係」など役割の分担をしたが，すべて立候補でスムーズに決まった。お年寄りの案内係は，「おはようございます」「よろしくお願いします」「教室はこちらです」などを，はっきりと自信をもって話しか

けていた。また「司会」や「はじめの言葉」の係が話をしている間は，ほぼ全員が体を前に向けて静かに話を聞いていた。活動中もお年寄りの話をしっかりと聞き，トラブルもなく元気よく交流をしていた。

守るべきルールに基づいた行動を繰り返すことによって，自信をもって行動できるようになり，そのことで認められる機会も増え，意欲的に活動することができるきっかけになったと思う。また，「学級で取り組む行事は，学級みんなの活動なんだ」という気持ちが児童たちに芽生え始めた。

●思い通りいかず苦戦したこと

全体の雰囲気がよくなってきたことで，個別の児童が抱える課題がはっきりとみえるようになった。周囲への影響が大きな児童への対応を優先してきたために，個別に配慮を要する児童への対応が不足していたこともあったと思う。

恵美（F）は，学力が低く，繰り上がりのないたし算5問に5分以上かかる。素直に教師のいう通りに取り組むのだが，正解してもうれしそうではない。

慎吾（G）や修斗（H）は，ようやく自分の名前が平仮名で正しく書けるようになってきた。特に慎吾は，「ジャングルジム」のことを日記に「じゃあじゅん」と書いた。会話をそのまま文字に置き換えようとしていることはわかったが，どのように指導していけばいいのかわからない。

京介（I）は，計算はとびぬけて速いのだが，「書く」ということになると，一文字も書こうとしない。教師が質問して書くことを引き出すと，なんとか書き進めていくが，本当に苦しそうである。

3 学期への課題

学期末に近づくにつれ，学級のまとまりがでてきたので，学級集団としての一体感を感じられるようなイベントをうまく活用したいと思った。そこで，「大なわ跳び大会」に向けて，8の字跳びを練習していくことにした。学級の中には，大なわを初めて見る児童もいるし，初めて跳ぶ児童もいる。その抵抗を解消するところからのスタートであるが，指導を細分化し，自信をもって取り組むことができるように配慮していく。

また，授業に取り組む姿勢が以前よりよくなってきたが，学習に困難さを抱える児童がいることもわかってきた。そこで，一人一人に合った指導を行うことができないか，学年団と相談した。その結果，朝の時間などを使って，3クラスある教室を難易度別に分け（内容や問題数の異なる算数プリントを準備），取り組みやすい教室を児童が自分で選んで学習することができるようにした。

書くことに困難さを抱えている児童については，TTの先生と相談をした。「児童に質問をしながら，書く内容をリードしてあげてほしいこと」，それがむずかしい場合は「『○○の気持ち？　△△の気持ち？』と選択肢を出して，書くことにできるだけ抵抗をなくすこと」を共通理解し，協力して支援をしていくことにした。

3学期 教師からのアクション
認め合いのある温かい関係づくり

目標

3学期のゴールを,「友達に優しく接することができ,互いに認め合うことができるレベル」「学級全体での活動に楽しさを感じ,どのようなことをしたいかが,児童たちから積極的に提案されるレベル」とイメージして,親和的で意欲の高い学級集団をめざした。

計画と実施

ルール　集団内で級友とかかわるうえでのルールやマナーを意識して行動できるようにする

①学級の友達ともっと仲よくなるために,「ほかほか言葉の達人になろう」という取組みを行う。「ありがとう」「ごめんなさい」「どんまい」「一緒に遊ぼう」など,児童たちが,友達から言われてうれしかった言葉を発表し合う。

②「ほかほか言葉」を意識して言ってみようと伝える。朝の会で,今日はどんな言葉を使うのかを児童たちで決め,帰りの会で,どんな場面でその言葉を言うことができたのかを発表する。言うことができた児童はしっかりとほめ,またその言葉を言うきっかけになった児童もしっかりとほめる。「先生は,○○さんがプリントを整理してくれていたときにありがとうを言ったよ」など,教師も一緒に取り組んでいく姿勢をみせながら,児童の自主的な発言を促す。

リレーション　児童同士が,互いに認め合うことができる機会をつくり,児童たちの関係性の広がりや深まりをめざす

①物語文を劇にし,グループごとに演じる。声の大きさ,早さ,動き,表情などでよかったところはどんなところかをカードに書いて,演じた友達に渡す。

②掃除終了後,教室に集合し,友達が掃除でがんばっていたところを発表し合う。発表の苦手な人のために,「○○さんが,いつもは気がつきにくい～のところをきれいにしていました」など,いくつかの話形を示す。

③教師が「ポルラン」「ロコドン」など適当な名前を黒板に書き,その名前から想像した生物を,児童たちが自由に描く。それを見せ合いながら,面白いと思ったところや,参考になったところをカードに書いて渡す。

④カードをもらったら,それを読んだときの気持ちを発表し合う。

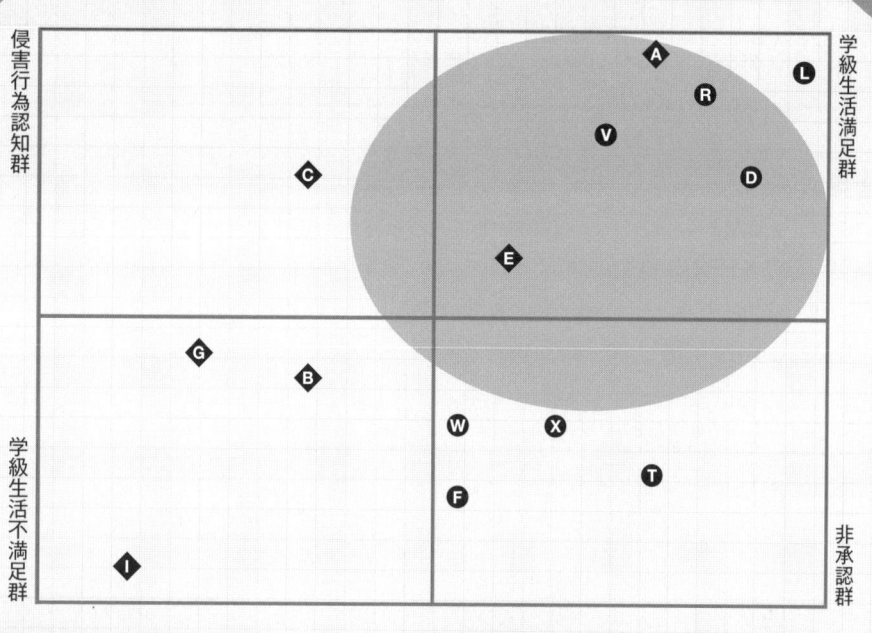

第3章 学級集団づくりの事例 事例2

（縦軸）侵害行為認知群／学級生活不満足群
（横軸）学級生活満足群／非承認群

■学級の公的なリーダーの児童
【男子】該当なし
【女子】L：人前でもものおじせず，堂々と話をすることができる。
V：前に立つことが好きで，大きく，はっきりとした声がでる。

■学級で影響力の大きい，陰で仕切るような児童
【男子】A（龍一）：暴力はなくなったが，友達をからかうことがやめられない。
【女子】該当なし

■態度や行動が気になる児童
【男子】B（哲也）：キレやすい。自信がない。A（龍一）からのからかいがストレスになっている。
G（慎吾）：幼い。自分の名前が平仮名で確実に書けない。
A（龍一）：Rへのからかいが激しい。
I（京介）：無気力。書くことが苦手。
【女子】F（恵美）：低学力。家庭の協力が得られず，持ち物もそろわなくなってきた。

■プロットの位置が教師の日常観察からは疑問に感じられる児童
【男子】該当なし
【女子】W，X，T：まじめで学力も高い児童。教師からの声かけが少なかったか。

■学級内の小グループを形成する児童
【男子】該当なし
【女子】該当なし

■4群にプロットされた児童に共通する特徴
【満足群】A（龍一）と，学習に対し意欲的で，落ち着いて生活を送っている児童。
【非承認群】まじめだが，全体の場で活躍する場面が少ない。
【侵害行為認知群】気が強い児童と周りの空気がよめない児童。
【不満足群】G（慎吾）とI（京介）は書くことが極端に苦手。B（哲也）はA（龍一）からのからかいによるストレスがたまっている。

■学級の様子と問題と感じていること
　全体的に学級の雰囲気がよくなり，まとまってきたように感じる。学習や掃除など，どの場面でもやりがいを感じながら取り組み，行事などへの参加意欲も高い。そんななか，担任教師のいないところで，A（龍一）のB（哲也）に対するからかいが収まらず，いまだにトラブルが起こることがある。

学年末の学級集団の状態［2月］

3学期　学級集団の反応
みんなで楽しく遊べる集団に

結果

●学級集団のルールの確立ぐあい

「ルールを守るとみんなで楽しく過ごせる」ということをほとんどの児童が理解した。児童同士で積極的にプラスの言葉かけを出せる雰囲気が広がり，いいところを伝えると相手に喜ばれたり，相手のやる気につながったりすることが，認め合い活動を通して児童に実感されていった。

●学級集団のリレーションの確立ぐあい

固定されたグループがなくなり，休み時間には，10人以上の人数で，ダンスをする役，歌う役，それを応援する役に分かれ遊んでいた。その役も，リズムよく入れ替わっていた。外遊びグループは，相変わらず「ふえ鬼」をしているが，隣のクラスも誘いながら，輪が大きく広がっている。授業の発表の際に，周りの様子をうかがうような姿がなくなり，率直に話ができるようになった。

3学期を振り返って

●おおよそ計画通りに進んだこと

3学期は，ほぼ「満足型集団」の状態になった。トラブルが減ったことをよしとせず，よりリレーションを高めるという方針がよい結果につながったと感じる。

1学期の学級懇談では，乱暴な児童の行動について，保護者から心配の声を聞くことも多くあったが，最後の学級懇談では「この学級で小学校生活をスタートできてよかった」「本当に温かい雰囲気で過ごせてうちの子どもは幸せです」と涙を流される方々もおり，よい形で終わることができたと思う。

●思い通りいかず苦戦したこと

2月のQ-Uで，非承認群にまじめでがんばり屋の女子が多かったことは意外であった。残り1か月半，教師からの声かけを意識して行っていった。

龍一（A）の哲也（B）に対するからかいは，完全にはなくならなかった。二人の席を離したり，活動班を分けたりと，距離をおく方法で対処するしかなかった。

1年間を振り返って

場面ごとにルールを細分化して設定し，時間をかけて地道に指導を繰り返したことが，ルールの定着に効果的だったと感じている。その基礎があったおかげで，リレーションが活性化され，広がっていくことを実感した。

事例解説 2

小集団成立過程で葛藤があった学級集団【1年生】
浅川早苗

●集団規律の身についていない1年生のスタート

複数の園から入学し、社会生活を送るうえでのルールが共有されていない児童35人でのスタートです。さらに、乱暴で暴力をふるう児童、パニックを起こす児童、学習支援が必要な児童など、個別支援のニーズが高い児童が複数いて、本来ならば学校生活のルールを定着させるカリキュラムにより、最初の1週間で児童をスムーズに適応させていくのが望ましいのですが、それも困難な状況であったと考えられます。

5月のQ-Uをみても、侵害行為認知群の多さから、からかわれたり乱暴を受けたりしている児童の深刻さや荒れた状況がうかがえます。個別にきめ細かな指導を必要とする1年生で、このような状況でスタートした学級は、大変な困難が予想されます。

●小集団成立過程での葛藤と、その考えられる理由

段階的かつ徹底した「ルール」の指導と、遊びを通した「リレーション」の形成により、集団が成熟していく過程で、落ち着いて授業に参加できず、衝動的な行動をとる龍一 (A) と哲也 (B) への対応に担任が苦慮することが続きました。

龍一には特別な背景があり、家庭への働きかけや支援が必要だと考えられました。哲也についても、専門機関による特別な支援が必要だと考えられる状況でした。また、彼らのほかにも、学習支援が必要だと思われる複数の児童の存在がわかってきました。この状態をそのまま放置すれば、個別支援が必要な児童にさらに振り回され、学級集団全体の後退も考えられる状況でした。しかし学級集団全体への対応にも追われ、担任がすべてに対応することはむずかしい状況でした。

●小集団成立過程での葛藤に対して、この対応がよかった

龍一には、個別に具体的な目標を行動レベルで定め、達成をめざす方法をとることで「乱暴」な行動を修正していきました。また、学習支援が必要な複数の児童については、学年団やTTによる対応で、個別にきめ細かな指導を行いました。

学級集団に対しては、係活動や話し合い活動の方法や手順をきめ細かく示すことで、ルールやマナーを定着させていきました。さらに、「認め合い活動」をさまざま場面で展開し、リレーションを高めることで、「みんなで楽しく遊べる」段階へと児童を導きました。その結果、集団で行動するときのルールが学級全体で共有され、児童が意欲的に行事に臨んだり、集団活動が活発になったりしました。

●この事例から得られる、学級集団づくりの鉄則

「子どもに楽しい学校生活を送ってほしい」、保護者ならばだれもがそう願っています。殊に初めての学校生活を迎える1年生であればなおさらです。乱暴な児童がいる本事例の学級では、1学期当初からの徹底した「ルール」の指導で安全安心な学習環境を確保し、意図的な「リレーション」の形成により、ルールとリレーションのバランスがよい、児童が楽しいと感じる学級集団をつくりあげました。

なお、本学級の個別支援が必要な児童については、早い段階から組織的対応へつなぐことを検討することが必要なケースであると考えられます。

小集団成立過程の葛藤　　　　　　　集団づくりの経過
-3　-2　-1　1　2　3　4

特別支援の必要な児童が多い学級

「個別支援」と「集団づくり」を両輪に学級経営に取り組んだ事例

キーワード
2年生，発達障害，「個別支援」と「受容的な集団づくり」

一　学級経営の背景
個別支援ニーズが高く，手厚い支援が必要な児童たち

学級担任の紹介，教育観

●**教師になった理由，年齢，教師歴**

　30代後半の教師。一般企業で8年ほど働いたのち，教育実習でお世話になった指導教官の薦めもあって教職に就いた。高校のスクールカウンセラーとして1年間，小学校の期間採用教諭として4年間勤務したのち，正式採用となった。教職に就いてからの8年間の間に，低学年から高学年，特別支援学級の担任の経験がある。本校には赴任して3年めで，5・6年生を担任したあと，2年生の学年主任となった。

●**学級経営に対する考え方**

　カウンセラーや特別支援学級の担任をした経験から，通常学級での特別支援教育のあり方について関心をもっている。集団になじめない児童たちへの個別の支援はもとより，彼らを包み込む受容的な学級集団の育成が必要だと考えている。

●**指導タイプ**

　カウンセラーや特別支援学級の担任の経験から，学級経営は一見「援助タイプ」にみられがちだが，困難さを抱えている児童にも「知識・技能，社会性をきちんと身につけること」が絶対に必要で，「集団の育成が個への支援につながる」と考えている

ので，個に対しても集団に対しても，指導性はやや強いほうだと思う。

地域・学校・学年・児童生徒の状況

●学校と地域の状況

地方の小規模都市にあり，学校の周囲には田園・果樹地帯が広がる。古くからの住民が多く，祖父母と同居，敷地内同居の家庭も多い。学校全体では，約7人に1人が一人親家庭である。保護者の学校や学習への関心は弱く，児童の学力も高いほうではない。1学年2学級だが，40人単級の学年が二つある。教員構成は，50代が40％，30～40代が55％，20代が5％と年齢は高めである。

●学年・児童生徒の状況

事例の学級は2年生で，児童数26人（男子17人，女子9人，このうち特別支援学級所属の男女が各1人）。学級，支援学級ともに，1年次とは担任が変わった。学年は2学級で，全体の傾向としては，活動的だが非建設的な小グループが多い男子と，素直で優しい女子で構成されている。

当該学級の状況

●当初の目立った問題点

・特別支援を要する児童が多く，抱えている困難も多岐にわたる。
・男子の割合が多く，活発なうえ，友達とのかかわりを苦手とする児童が多く，グループ活動のトラブルが頻繁にある。
・広汎性発達障害のある琴乃（A）とLDで自閉傾向のある将吾（B）は，特別支援学級所属で，学級になじめない場面がみられる。
・大誠（C）は5歳時にアスペルガー障害の診断を受けた。特性が顕著にあらわれており，入学時から友達とのかかわりに苦戦している。
・美和（D）は就学以前から吃音があり，リハビリを受けている。感受性が豊かで，不安定になると吃音が多くみられる。
・悠輝（E）は学力は高いが，行動は極めて未熟で，悪ふざけをしたり，友達にちょっかいを出したりして，頻繁にトラブルを起こしている。
・敦也（F）は自閉傾向があり，こだわりが強く，友達とトラブルになることが多い。自分の思いがうまく伝わらないと，暴力になってしまう。
・鈴音（G）は1学期中に転入してきた。母親にネグレクト傾向があり，市の子育て支援課，児童相談所，警察（生活安全課）などと連携している。

●学級経営をするにあたっての指針

個別支援の必要な児童への対応が学級全体に生かされる指導や，発達障害やその傾向のある児童が安心して生活できる学級をめざし，そのために必要な個人への手だてと学級全体への手だてを考えていきたいと思っている。

1学期 教師からのアクション
個別対応と並行して，学級のルールとリレーションの確立を図る

目標

1学期のゴールを「閉鎖的な小集団が解体され，孤立した児童や排斥された児童がいなくなり，新しい小集団で活動できる」とイメージした。そして，教師が一部の児童の対応に追われることで，ほかの児童への一斉指導に支障をきたすことがないような改善計画を立てた。

計画と実施

ルール　基本的なルールを自分たちで考え，一人一人に確実に定着させる

① 2年生の出発にあたり，「学級のいいところ探し」と「もっといい学級になるために」をテーマに，教師主導で話し合いを行う。そのときの意見の中から，学級のルールとして「みんなのめあて」を決める。めあては朝の会で声をそろえて読み上げ，帰りの会では，めあてを守れたかどうかその日一日を振り返る。

② 生活班（4人）に役割リーダー制（学習リーダー・掃除リーダー・給食リーダー）を敷き，係活動や当番活動での自分の仕事に責任をもたせる。「できたねカード」や「がんばったねカード」などに自分でシールを貼ることで，仕事をやり遂げることの大切さや，心地よさに気づかせ，一人一人が力を発揮できる場を設定する。

③ 個々のトラブルを学級の問題ととらえ，小さな問題でも学級みんなで考える時間をとる。原因をさぐり，手だてを考え，自分だったらどうするかを発表する機会を多くもつ。話し合いのあとには，必ず「こういうときはこうするといいね」と教師がまとめ，学級内での共通理解を図る。その後，個々の児童に合った声かけを行う。

リレーション　教師と児童一人一人の関係づくり　自己理解・他者理解

① 1か月に一度班替えを行い，多くの友達とかかわれる場をつくる。

② 授業中に不可思議な発言をしたり，友達とトラブルになったりして，上手に友人関係を構築できない児童には，教師が意識的にかかわり，接し方のモデルを示す。

③ 自己理解・他者理解をめざし，「友達のいいところ探し」「自分のいいところ探し」のエクササイズを1か月に二度行う。

④ 水曜日はクラスみんなで外で遊ぶ日とする。ドッジボールや鬼ごっこ，大なわ跳びなどを教師主導で行い，楽しい時間を共有する。

⑤ 帰りの会で，一日の中で自分が楽しかったことを話す時間を設定し，友達はどんなことを楽しいと感じるのかを考える時間をつくる。

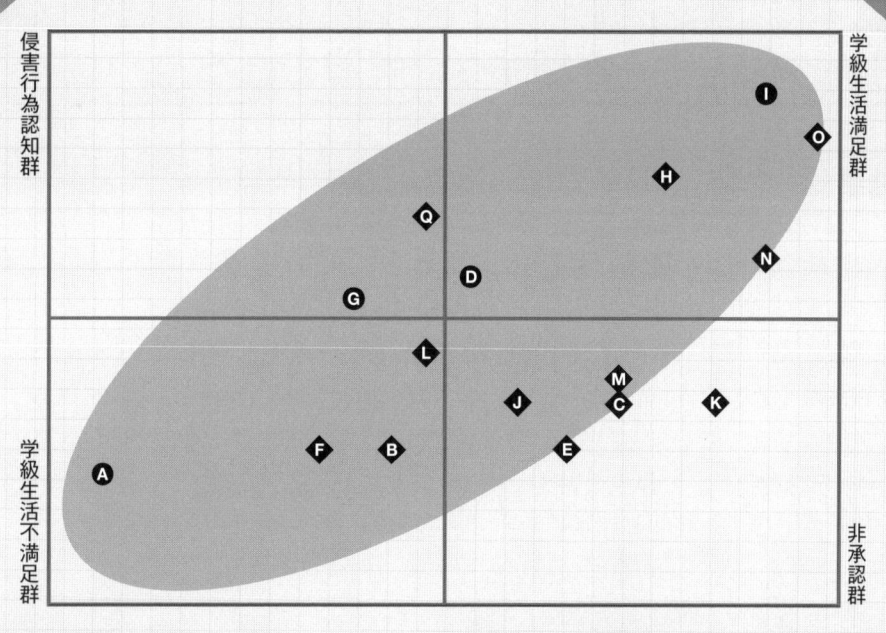

第3章 学級集団づくりの事例 事例3

■**学級の公的なリーダーの児童**
【男子】H：優しくみんなから慕われる。
【女子】I：優等生タイプ。
■**学級で影響力の大きい，陰で仕切るような児童**
【男子】該当なし
【女子】該当なし
■**態度や行動が気になる児童**
【男子】B（将吾）：特別支援学級所属。学級になじめない。
C（大誠）：アスペルガー障害があり，友達とのかかわりに苦戦している。
E（悠輝）：学力が高いが，友達とのトラブルが多い。
F（敦也）：こだわりが強く，思いが伝わらないと手が出てしまう。
J，K：自分の思い通りにならないことがあると，かんしゃくを起こしたり友達に暴力をふるったりする。
【女子】A（琴乃）：特別支援学級所属。学級になじめない。
G（鈴音）：1学期途中に転入。家庭に問題を抱える。

■**プロットの位置が教師の日常観察からは疑問に感じられる児童**
【男子】該当なし
【女子】該当なし
■**学級内の小グループを形成する児童**
【男子】F（敦也），E（悠輝），J，K：遊び仲間。
【女子】該当なし
■**4群にプロットされた児童に共通する特徴**
【満足群】生活・学習面ともに意欲的で，素直でやさしい。だれと同じ班になっても楽しく活動できる。
【非承認群】苦手なことが多く，親や友達から認められる場面が少ない。
【侵害行為認知群】家庭に問題を抱える。友達からの声かけに，素直に「ありがとう」が言えない。
【不満足群】自己肯定感が低く，自分のことがきらい。
■**学級の様子と問題と感じていること**
　学級の中に発達障害傾向のある児童が多く，トラブルが頻繁に起こるため，まじめに努力している児童に十分な声かけができない状態である。

1学期の学級集団の状態［5月］

1学期　学級集団の反応
閉鎖的な結びつきが徐々に解消される

結果

●学級集団のルールの確立ぐあい

　たくさんの意見の中から,「みんなのめあて」は次の5つになった。①人の目を見て話を聞く。②いつもニコニコ気持ちよいあいさつをする。③図書の本貸し出し全校ナンバー1をめざそう。④ケガをしない,させない。⑤毎日元気に学校に来る。

　①については,ほとんどの児童が,話を聞くときに発表者に意識を向けられるようになり,残る課題は,「最後までよく聞く」ということになった。

　②については,登校する児童を教室で出迎え,一人一人にあいさつをすることの良さを伝え,児童のよいあいさつには笑顔で称賛の言葉をかけた。その結果,「おはよう」のあいさつと健康観察の返事を元気にできるようになった。

　③は,本が好きな児童が多いこともあり,みごとに全校ナンバー1になった。司書の先生に協力してもらって「ナンバー1賞状」をもらい,みんなで喜んだ。

　④⑤については,大きな事故やケガもなく過ごすことができ,学級の3分の2が欠席ゼロとなった。皆勤賞の賞状をつくり渡した。

　さらに1学期の終わりには,「自分が1学期にいちばんがんばったこと」を自己申告してもらい,一人一人にがんばり賞の賞状を渡した。「できたねカード」や「がんばったねカード」のシールがたまって目標を達成した児童には,「プロフェッショナルカード」を渡した。自分のできるようになったことを感じ,成就感が高まり,児童は誇らしげな様子であった。

●学級集団のリレーションの確立ぐあい

　自分の考えや思いを素直に伝えることが少しずつできるようになり,教師がグループや方法を指示すれば,いやがることなく友達とかかわれるようになった。他人とかかわることで生まれる楽しさやうれしさを友達と共有し,「自分の楽しいこと＝友達の楽しいこと」「自分がほめられてうれしい＝友達もほめられるとうれしい」であるという気づきが生じてきている。ただ,悠輝（E）や敦也（F）が悪ふざけをしたり,友達に衝動的な行動をとることも多く,それにより不快な思いをする児童が少なくない状態である。

1学期を振り返って

●おおよそ計画通りに進んだこと

　低学年ということもあり,教師の指示に素直に応じる児童が多く,楽しくできる活動が増えてきた。「友達のいいところ探し」では,最初は「友達のいいところ？　え

～わかんない。ないよ」「自分のいいところ探し？ いいところなんてないよ～」と数人の児童が難色を示していたが，みんなに自分のいいところをたくさんカードに書いてもらったところ，「先生！どんなことを書けばいいのかわかった」「みんなにいいところ書いてもらってうれしかった」など前向きに取り組めるようになった。

ルールを守ると楽しくスムーズな活動につながる，ということを感じ始めた児童を中心に，「友達と仲よくしていこう」という方向性が学級の中に生まれてきた。日常的な小さなトラブルはたくさんあるが，閉鎖的な結びつきは解消されつつあり，風通しのよいかかわりができてきた。

●思い通りいかず苦戦したこと

特別支援学級所属の琴乃（A）と将吾（B）は，交流学級での生活科・図工・体育・音楽の授業で情緒的に安定しないことが多く，教室を飛び出すことが多くあった。また将吾は平仮名がまったく書けず，常に個別の支援が必要であった。

また，悠輝や敦也を中心にした児童同士のトラブルも頻繁に起き，教師はその対応に追われた。それらの個別対応にかかる時間が増加し，まじめに取り組んでいる児童が不安に思ったり，不満に思ったりすることがあった。また，授業の中で，周囲と同じようにできなかったり，時間がかかったりする児童を，「なんでできないの」「真剣にやって」と周囲が受け入れない状況がみられた。

2 学期への課題

学級のルールとリレーションをさらに確立して，周りの児童を育てることで，発達障害のある児童などが集団の中で排除されることを，少しでも改善していきたいと考える。

また注意集中が苦手な児童や衝動的な行動をとる児童に対しては，言葉がけの工夫が必要であると思い，今後の課題にしていきたいと思う。

①言葉で伝える

そこまで言わなくてもわかるはずだと思われることでも，伝わっていない児童が多くみられる。周知の事実であっても，あえて手順や段階を追って説明する。

②注意の集中が苦手な児童

具体的な言葉で，短くはっきりと指示を出すように心がけ，一度にたくさんの指示を出すときは，ナンバリングをして作業の手順がわかりやすいように工夫していく。

③衝動的な行動をとる児童

制止や禁止の言葉がけを避け，望ましい行動を具体的にわかりやすく伝える。

④困難と思われる事象への手だて

アプローチの仕方を児童に応じて変え，やる気や集中力の継続を促していく。

2学期　教師からのアクション
周りから認められたという経験を増やす

目標

　2学期のゴールを「小集団でできることを中集団でも確実にできる学級」とイメージして，学級のルールとリレーションを確立し，発達障害のある児童などに対して周りの友達が適切な対応がとれるようにしていきたいと思う。

計画と実施

ルール　自主的にルールを守ることで得られる心地よさを一人一人に確実に定着させる

① 「みんなのめあて」を話し合って，1学期よりバージョンアップする。まだ守れないものは継続し，できたものは「2年1組の得意なこと」として掲示する。話し合いは教師主導で行うが，児童同士の意見をつなげるようにしていく。
② 「できたねカード」や「がんばったねカード」を継続し，係活動や当番活動，生活班の役割リーダーなどの仕事ができたらシールを貼っていく。1学期は自己評価としたが，2学期は他者から評価をもらうことにする。これにより，みんなが同じくらい仕事をすることの大切さや，心地よさに気づかせていく。

リレーション　児童同士の認め合いの場を定期的にとり，関係性の広がりをめざす

① 上手に友人関係を構築できず，トラブルになりやすい児童には，教師が意識的にかかわり，周りの児童に接し方のモデルを示す。児童の気持ちを教師が代弁し，「○○さんはこんな気持ちだったのだから，こんなふうに言ってあげるといいね」などと言葉かけの例を具体的に示す。
② 「友達のいいところ探し」「自分のいいところ探し」を継続する。さらに「ありがとうの木」を掲示し，いつでも友達にメッセージを書けるようにする。
③ 日常の活動や授業風景を写真に撮り掲示する。そのときの友達とのかかわりや自分の思ったことを児童が自由に吹き出しに書けるようにする。
④ 1学期の帰りの会では，自分が楽しかったことを発表したが，2学期は「友達と遊んで楽しいと思ったこと」を発表していく。

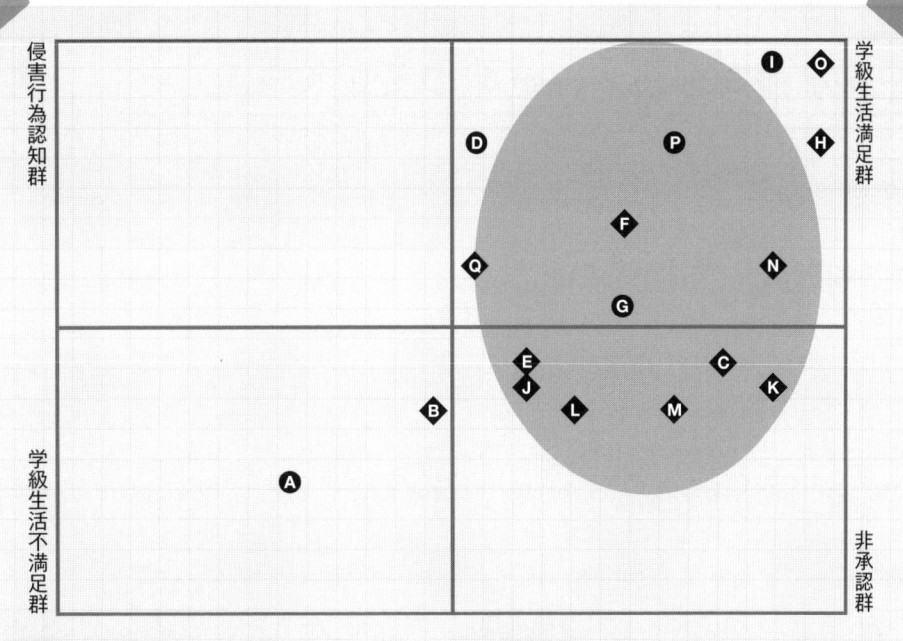

（縦軸上）侵害行為認知群 / 学級生活満足群
（横軸）学級生活不満足群 / 非承認群

■学級の公的なリーダーの児童
【男子】O, H：意欲的な声かけができる。
【女子】I, P：お手本となる行動ができる。
■学級で影響力の大きい，陰で仕切るような児童
【男子】該当なし
【女子】該当なし
■態度や行動が気になる児童
【男子】B（将吾），C（大誠），F（敦也），E（悠輝），J, K, L, M
【女子】A（琴乃），G（鈴音）
■プロットの位置が教師の日常観察からは疑問に感じられる児童
【男子】該当なし
【女子】該当なし

■学級内の小グループを形成する児童
【男子】F（敦也），E（悠輝），J, K, N, H, O：遊び仲間。
【女子】該当なし
■4群にプロットされた児童に共通する特徴
【満足群】生活・学習面ともに意欲が高い。
【非承認群】児童同士のトラブルが多い。
【侵害行為認知群】成長がゆっくり。
【不満足群】特別支援学級所属の2人。
■学級の様子と問題と感じていること
　学級が全体的に明るく意欲的になってきた。活動の最中に友達を励ます言葉や称賛する言葉が，多く聞かれるようになってきた。今後の課題は意欲的に集団に参加できずにいる児童をどのように支援していくのかということである。

2学期初めの学級集団の状態［9月］

2学期　学級集団の反応
仲間意識が芽生え，高まっていく

結果

●**学級集団のルールの確立ぐあい**

　2学期の「みんなのめあて」は，①人の目を見て話を聞く，②ケガをしない・させない，③給食残さないナンバー1，④友達の気持ちを考える，⑤元気に発言しようとなった。また運動会や文化発表会など大きな行事に取り組むなかでも，そのときどきに必要なめあてをもたせ，活動の振り返りをするようにした。

　①は校内研究とのからみもあり，授業を中心に，話の聴き方を意識させる場面を多くもった。②は，2学期もケガ人なしで過ごせた。③は給食の残しがない日が70日を超えたので，クラスでお祝いをした。栄養士の先生から賞状をもらい，1学期にもらった「図書ナンバー1」賞状の隣に掲示した。併せて食育の学習も行い食べ物の尊さと命をいただいていることについて考えた。④は，友達ができないときや困っているときの声かけを考え，「間違っている」「ダメ」というのではなく，「こうするとできるよ」「ここがポイントだよ」と言うと，相手が素直に「ありがとう」と言えることをロールプレイで体験した。また，道徳や学活の時間を使い，いじめについて考えてみたりした。⑤は，自分で一日の目標回数を定めて取り組み，それが達成できたら，次は発言内容に目標をもって取り組んだ。個々に無理のない設定をしたので，それぞれに達成感を味わうことができた。

●**学級集団のリレーションの確立ぐあい**

　「友達のいいところ探し」「自分のいいところ探し」「ありがとうの木」などの取組みで，友達からほめられたり自分のいいところを認めてもらったりする経験が積み重なり，学級内の関係性が広がって，児童同士に仲間意識が生まれた。

　水曜日の外でのクラス遊びが定着し，教師が方法や手順を教えながら，児童主導でみんなで遊べるようになった。遊びの種類も増えた。

2学期を振り返って

●**おおよそ計画通りに進んだこと**

　1学期の取組みにより，まじめで素直な児童たちが「ルールを守って生活すること」ができるようになり，学校生活を快適に送りながら，喜びや楽しさを友達と分かち合うことの心地よさを感じることができるようになってきた。そして，楽しい時間を自分たちでつくり出そうとする工夫や声かけが多くみられるようになってきた。

　しかし，まだまだ自分本位な考えから抜け出せない児童や，困難さを抱える児童が多かったので，2学期は人とのかかわり方を具体的に教えることで，ルールの定着を

さらに図った。トラブルが起こるたびに「自分のどんな行動が相手にいやな思いをさせたのか」「どうすればトラブルにならなかったのか」「相手はどんな気持ちになったのか」を説明した。また，友達から「ありがとう」と言ってもらえる言動を具体的なスキルとして教え，実際に行動させてみることで，人とのかかわり方を教えていった。これにより，「ありがとう」という言葉を友達からかけてもらえるうれしさも感じることができたようである。

　このように，2学期は一人一人にルールを定着させることを重視して取組みを行った結果，Q-Uのプロットは予想通り縦型になった。このことから，日常的にいやな思いをしたり不適応感を感じたりすることが少なくなり，安心して学校生活を送れるようになった児童が増えたと思う。

　児童の仲間意識が高まったことで，Q-Uの生活や学習の意欲の得点にも高まりがみられた。学級全体が明るく意欲的になると，友達を励ます言葉や称賛する言葉が，学級の中で多く聞かれるようになってきた。

●思い通りいかず苦戦したこと

　学級全体としては，生活・学習の両方において意欲の高まりを感じるものの，児童たちの間で承認得点の差が大きくなってきた。これは，認められていると感じる児童と，そう思わない児童の差が大きくなっているということを意味する。

　意欲的に集団に参加できずにいる児童をどのように支援していくかということが課題だと考え，教師からの個別のかかわりを多くし，一人一人に対する声かけを増やしたり，児童との面接を行ったりした。しかし，発達に困難さを抱える児童は，どうしても友達や教師から注意されることが多くなるため，認められないと感じてしまう児童が多い実態がある。

3 学期への課題

　児童一人一人との面談でみえてきた課題から，学習面での今後の取組みの柱を次の3点にした。具体的には，グループ活動などを多く取り入れ，友達の力を自分の力にできるような場面を仕組んでいきたいと思う。
①互いに認め合うことで学習意欲を喚起する。
②友達の学習方法を取り入れる。
③授業の中にみんなが「できた・わかった」と思える時間を取り入れる。

　また生活面では，対人関係に苦手さのある児童が，相手の気持ちがわからずに，しつこくいやなことを続けてしまい，トラブルになるということがよく起こっていた。「相手がやめて」と言ったらいま自分がしている行為をやめる，「相手がごめんね」と言ったらいつまでも文句を言わずに「いいよ」と許すなど，そのような場面での具体的な行動の仕方を教えることで，学級全体への指導も統一されると考えた。そこで，「いやなときは"やめて"」「悪かったときは"ごめんね"」を学級全体で共通理解するようにした。

3学期　教師からのアクション
承認感や自己肯定感を高める活動に取り組む

目標

　3学期のゴールを「自分たちのルールを守って生活することを心地よいと感じる中集団」とイメージして，困難さを抱えた児童に対して，他者から認められているという承認感や自己肯定感を高めていきたいと思う。

計画と実施

ルール　自分たちのルールを決めて行動しよう

①2学期のめあての振り返り，それをバージョンアップして3学期のめあてを決める。その結果，「Ⅰ．人の話は目と耳と心で聞く」「Ⅱ．なかよしナンバー1」「Ⅲ．思いやりの心をもとう」「Ⅳ．得意なことをみつけよう」の4つに決まった。
　思いやりの心がわかりにくいという意見が出たので，帰りの会で「自分が○○さんにした思いやり」を発表することで，具体的な形を示した。

②ルールを守る本当の意味を理解し，担任がいないところでも，きちんとルールを守ることができるように，ルールの内在化のプロセスに重点的に取り組む。

リレーション　児童同士が互いの存在価値を認め合うことのできる関係づくり

①承認感の低くなっている児童に対しては，学級の中に居場所を感じられるように，教師との安心できる二者関係を強固なものにしていく。また，自分が学級集団から必要とされている，集団に貢献できるという喜びを実感できるような活動を設定していく。

②2学期から取り組んでいる「ありがとうの木」のメッセージカードをまとめ，友達への「メッセージ花束」にする。

③「共同絵画」「グループ音読発表会」「グループ工作」などに班で取り組む。行事や体験活動などを通して，グループで協力したり，一緒に成し遂げた達成感を味わったりすることで，児童の関係を深めていく。

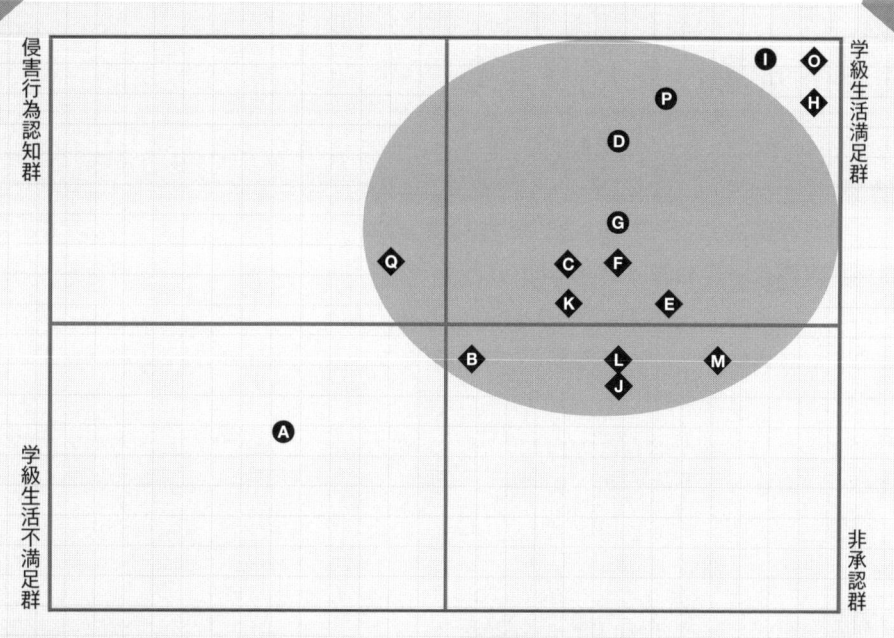

第3章 学級集団づくりの事例 事例3

侵害行為認知群 / 学級生活満足群 / 学級生活不満足群 / 非承認群

■学級の公的なリーダーの児童
【男子】O, H：学級全体のリーダー。
【女子】I, P：お手本になる行動ができる。
■学級で影響力の大きい，陰で仕切るような児童
【男子】該当なし
【女子】該当なし
■態度や行動が気になる児童
【男子】Q：嘘をつくことがある。
J：衝動性が高い。
【女子】A（琴乃），G（鈴音）
■プロットの位置が教師の日常観察からは疑問に感じられる児童
【男子】該当なし
【女子】該当なし
■学級内の小グループを形成する児童
【男子】該当なし
【女子】該当なし

■4群にプロットされた児童に共通する特徴
【満足群】互いの良さを認め合える。
【非承認群】発達障害の傾向がみられる。
【侵害行為認知群】家庭に問題を抱える。
【不満足群】自己肯定感が低く，自分のことがきらい。
■学級の様子と問題と感じていること
　ペア学習やグループ活動もできるようになり，体験学習などでの楽しい活動から児童の意欲が高まり満足型になった。A（琴乃）へは，学級集団からは，温かい声がかかるが本人の自己肯定感はあがってこない。A（琴乃）の抱えている障害の本質にもかかわると思うが，今後も継続支援をしていきたいと思う。そのほかにも個々に合った支援の必要性を感じる児童がいる。

学年末の学級集団の状態［3月］

3学期　学級集団の反応
受容的な集団に成長する

■結果

●学級集団のルールの確立ぐあい

　2学期を振り返った結果,「人の目を見て話を聞く」と「友達の気持ちを考える」がまだまだできていないという結果となり,3学期も重点的に取り組んだ。

　3学期は,一部の児童にみられた不適応感がなくなり,トラブルが少なくなった。また,トラブルが起きても自分たちで解決できるようになってきたことから,ルールの意義が理解されてきたと感じる。困っている友達を見かけると自然にサポートし合える雰囲気がある。特別支援が必要な児童たちへのかかわり方が学級内に定着したことで,学校生活全般に落ち着きが生まれた。

●学級集団のリレーションの確立ぐあい

　異なる考えに対しても肯定的な理解ができるようになってきたことで,自分の気持ちや意見を言うことへのためらいが減り,安心して本音の交流ができるようになってきた。それに伴い,学習に対する意欲も向上した。

■3学期を振り返って

●おおよそ計画通りに進んだこと

　ペア学習やグループ活動のなかで児童同士のトラブルが起こることが少なくなり,自分たちで考え実践する楽しさを多く体験できた。体験学習などでの楽しい活動から児童の意欲が高まり,3学期の学級集団は,ほぼ「満足型集団」の状態になった。

●思い通りいかず苦戦したこと

　特別支援が必要だと思われても,家庭の理解や受容を促進することにはとてもむずかしさを感じた。目の前にいる困難さを抱えた児童の未来を一緒に考えていくという気持ちをもち,学校での問題や要望を一方的に話すのではなく,よりよい学校生活について双方が考えていこうとすることが大切だと思う。日常の小さな困り感を学校と家庭で共有することで,支援できることがもっと多くあると思う。

■1年間を振り返って

　発達障害のある児童は教師やほかの児童から否定的な評価を受けやすく,そのような経験の積み重ねによって劣等感が刻まれ,孤立状態になってしまう。児童の自尊感情がいま以上に低下することなく,他者から認められているという感覚を高めることを目標に,1年間にさまざまな手だてを講じてきた。

事例解説 3

小集団成立過程で葛藤があった学級集団【2年生】
岩田和敬

●"ななめ型"の状態からスタートした学級集団

この学級は，特別支援を要する児童が学級に約3割いるうえ，閉鎖的な小集団ができていて，孤立した児童への対応を早急に行わなければいけない「やや荒れ始めの学級」の状態からスタートしました。一人一人の児童に視点をあてた「個別支援」と「受容的な集団づくり」に，並行して取り組んだ事例です。

●小集団成立過程での葛藤と，その考えられる理由

特別支援を要する児童が多くいる場合，その対応に担任が追われ，学級集団に対するルールの定着やリレーションの形成に手が回らなくなって，集団がくずれていくことがよくあります。本学級でも，1学期に次のような悪循環が起こっています。

悠輝（E）や敦也（F）を中心に児童同士のトラブルが頻繁に起こる。その対応に教師が時間をとられ，ほかの児童が不安や不満を感じる。周囲と同じようにできなかったり時間がかかったりする児童を，ほかの児童が受け入れることができない。

この背景としては，①人とかかわるうえでの「ルール」や「マナー」，それを支えるソーシャルスキルが身についていない，②担任や級友から認められたいという承認欲求が満たされていない，③困っている友達を助けようという人間関係（リレーション）が確立していない，などの状況が考えられます

●小集団成立過程での葛藤に対して，この対応がよかった

①担任は，特別支援を要する児童への言葉かけの仕方を個々に工夫したり，トラブルがあったときの適切な行動の仕方を教師がモデルになっていねいに教えたりしました。その結果，児童の自尊感情が高まり，人とかかわるためのソーシャルスキルが身についていきました。

②班活動（ペア活動・グループ活動）を行い，ルールにそった活動や行動ができたときには，「できたねカード」や「がんばったねカード」などで，教師や級友から承認をもらえるようにしました。これが，人間関係の形成や広がり，仲間意識の芽生えにもつながっていきました。Q-Uで承認得点の低かった将吾（B），悠輝，敦也も，学級の中で承認される機会が増え，学期が進むにつれて確実に得点が向上しました。

③人とかかわるうえでの学級のルールとして，「みんなのめあて」を具体的な行動レベルで設け，それを定期的に取り上げ，児童に意識させていきました。それにより，児童が学級内で行動するときの基準ができ，これが小集団の形成を支えました。また，児童同士のかかわりを広げ，人間関係の不安から固まっている非建設的なグループ（不安のグルーピング）を切りくずすことにもつながりました。

●この事例から得られる，学級集団づくりの鉄則

通常学級における特別支援では，個別支援と同時に，その児童たちを支える受容的な集団づくりを進めることが必要です。また，低学年では，まず担任と児童との二者関係をしっかり形成したうえで，人間関係を広げていくことが求められます。この二者関係の基盤は，ルールを教え，行動修正を図っていくための必須要件なのです。

小集団成立過程の葛藤

集団づくりの経過　-3　-2　-1　1　2　3　4

進級でルールにゆるみが生まれた学級

教師の参加的リーダーシップでルールの内在化に取り組んだ事例

キーワード
2年生，学級目標の設定，定期的な班替え，係や当番の活動の充実

一　学級経営の背景
進級・クラス替えでルールがリセットされた児童たち

学級担任の紹介，教育観

●**教師になった理由，年齢，教師歴**
　教師生活29年目の女性教師。学生のころに障害児教育に興味をもったが，障害児を理解するには健常児をまず理解することが大事であると言われたことから，小学校の教師になった。そののち，学級経営の面白さに魅了されていまにいたっている。

●**学級経営に対する考え方**
　「児童たちが安心し，学習に集中できる学級集団の形成」をし，「まずは児童と教師，そして児童同士のつながり」をつくりたいと考えている。またどの児童にも「学力の保障」をすることが，学級経営の大きな柱である。

●**指導タイプ**
　2年生の担任ということもあり，支援重視の学級経営になっていると思う。しかし，命にかかわるような行動や，相手の心を傷つける言動は許さず，とことん追求していく。

地域・学校・学年・児童生徒の状況

●学校と地域の状況

　市内中心部にある，1学年2学級の小規模校。親子何代にもわたって住んでいる地元の人とマンションや公営住宅に住む転勤族に二極化している。歴代のPTA会長や役員は地元の人が務めていて，地域のつながりは強いほうであるが，参観や懇談会への出席率は低く，環境調整が必要な家庭が少なくない。教員構成は30代以上がほとんどで，全職員で全校児童を支援していこうという姿勢がある。

●学年・児童生徒の状況

　事例の学級は2年生で30人（男子17人，女子13人）。学級編制替えがあったが，学年2学級なので，半分の児童が入れ替わったような状況である。新しい風が教室に吹いている感じはなく，今年赴任した担任だけがよそ者のような感じがある。

　1年生のときから活発な児童たちで，ほとんどの児童が学童保育（留守家庭子ども会）に通っている。もう1学級の担任は30代半ばで元気がよく，どちらかといえば管理型の指導タイプである。学年2学級ということもあり，学年単位での活動をできるだけするようにしている。

当該学級の状況

●当初の目立った問題点

- 1年生のときにできていたことや守られていたルールが守られず，簡単なルールすら破られている。ルールを守ろうとする意識が低い。
- 係の仕事や当番の仕事を，最後まで責任をもってやり通すことができない児童たちがいる。
- 互いに傷つけ合うような言動が，学習場面や遊びの場面でしばしばみられる。
- 指示が一度で通らない。学習用具の忘れ物が多い。提出物がなかなかそろわない。
- 洋介（A）は1年のときに広汎性発達障害の診断を受けている。洋介をからかう児童たちが目立つ。一貴（C）にもアスペルガー障害の傾向がみられる。
- 純也（B）は多動傾向があり，授業中によく離席する。それにつられて離席する児童たちが数名いる。

●学級経営をするにあたっての指針

　1年生のときにできていたことができなくなっているので，現在できている，守られているルールから見直しを行い，強化をはかっていく。特に学校生活のルール，友達とかかわるときのルールの定着を第一に実践していきたい。

　洋介，純也，一貴には，それぞれの児童が苦手なことを個別に支援するとともに，ほかの児童たちからの差別的な言動がクラスからなくなるように，学級集団づくりをしなくてはならないと考える。

1学期　教師からのアクション
学級づくりの核となる理想の学級像を話し合う

目標

1学期のゴールとして，小集団を形成し，児童が学校・学級が楽しいと思える状態をめざす。まず基本的なルールの設定を行い，ルールを定着させることで児童たちが学級生活への安心感をもち，学習や活動の場のなかでリレーションを実感できるようにする。

計画と実施

ルール　基本的なルールを理解させ，守れるように方向づけし，定着させる

①学級目標をつくるために，理想の学級像を児童たちと話し合い，教師主導で意見をまとめる。その結果，「みんなが笑顔の楽しいクラス」という学級目標を掲げた。
②学級目標を達成するために，みんなが守らなければならない約束（ルール）を定める。「約束（ルール）はクラスのみんなが守る。もちろん，先生も守らなければならない」ことを確認する。その際，次のことに留意して児童たちと話し合う。
・ルールに関してのよい例，悪い例をあげ，具体的なイメージをもたせる。
・なるべくグレーゾーンのないルールを設定する。
・いま現在，児童たちが守れているルールから始める。
③ルールが守れなかった児童に対しては，それがルール違反であること，どのようにすればよかったのかということ，どのように行動すればルールにそった行動を取ることができたのかということを，個別指導でていねいに指導していく。

リレーション　教師と児童の関係性をつくり，二人組から小グループへと発展させていく

①一人一人の児童への声かけを積極的に行う。その際，必ず「～さん」「～くん」と名前を呼び，その児童のがんばりを認めるひとことを伝えるように心がける。
②給食のときは，各グループを回り，教師もグループに入って食べる。児童たちとの会話のなかから，一人一人の様子をつかんでいく。
③休み時間の洋介（A），純也（B），一貴（C）の行動に気を配り，なるべく教師が一緒に遊ぶようにする。
④SGEを取り入れ，二人組のエクササイズから，徐々に人数を増やしていくようにする。
⑤学級通信を通して保護者に児童や学級の様子を伝える。担任がいまめざしていることを必ず載せて，保護者にも積極的に協力を仰ぐ。

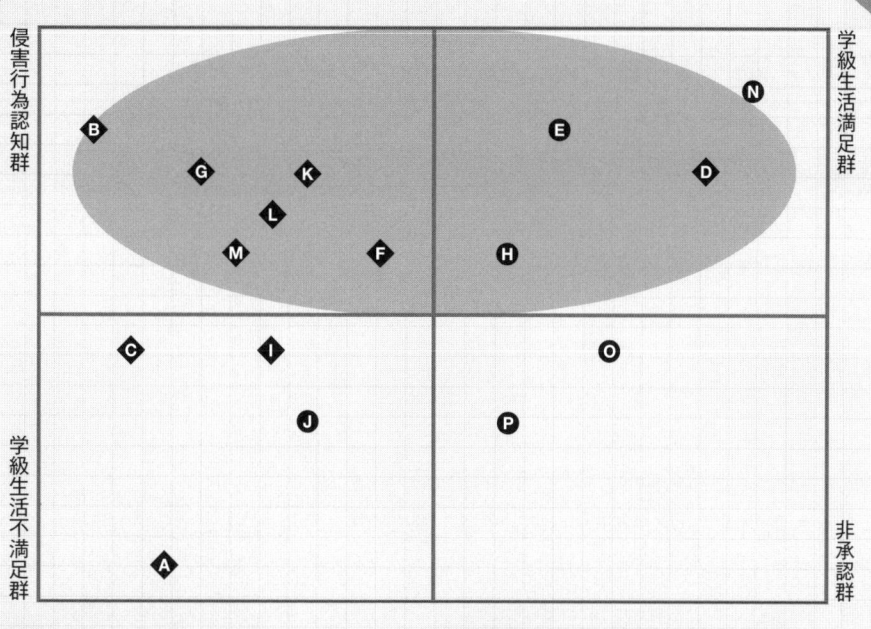

第3章 学級集団づくりの事例 事例4

（軸ラベル）
- 侵害行為認知群
- 学級生活満足群
- 学級生活不満足群
- 非承認群

プロット：B, G, K, L, M, F（左上群＝侵害行為認知群側）／E, N, D, H（右上群＝学級生活満足群側）／C, I, J（左下）／O, P（右下）／A（左下最下方）

■学級の公的なリーダーの児童
【男子】D：何にでも積極的に取り組む。落ち着いて学習に取り組む。やさしい。
【女子】E：明るく責任感が強い。面倒みがよい。

■学級で影響力の大きい，陰で仕切るような児童
【男子】F：口調が強く，自分の思い通りにしたがる。
【女子】該当なし

■態度や行動が気になる児童
【男子】G：よいときと悪いときの差が激しい。自分勝手な行動や高圧的な態度がある。
【女子】H：毎日体調の悪さを訴える。ちょっとしたトラブルでふさぎ込む。

■プロットの位置が教師の日常観察からは疑問に感じられる児童
【男子】I：おとなしいが友達と元気に遊んだり，ふざけたりしている。
【女子】J：友達も多く，認められているようにみえる。勉強もできる。

■学級内の小グループを形成する児童
【男子】K, L, M：仲よく，放課後もよく遊んでいる。
【女子】N, O, P：去年は別のクラスだったが，休み時間などほぼ一緒に過ごしている。

■4群にプロットされた児童に共通する特徴
【満足群】学習や係の仕事に積極的に取り組む。
【非承認群】自分の思いを友達に伝えることが苦手。自分の世界をもっている。
【侵害行為認知群】友達の思いをくみ取ることが苦手。
【不満足群】個別の配慮が必要。学習面でも配慮を要する。

■学級の様子と問題と感じていること
人間関係の希薄さからか，互いの良さを認め合うことができない。トラブルが起こると，自分の非は認めようとせず，相手を責める。学級の基本的なルールが守られていない。

1学期半ばの学級集団の状態［6月］

1学期　学級集団の反応
教師が見ているところでルールが定着

結果

● 学級集団のルールの確立ぐあい

　初めは「おはよう」のあいさつがなかなかできなかったが，5月の連休ごろまでには，教室の中に元気な声が飛び交うようになった。まだうまく言えない児童には，教師が率先してあいさつの声をかけると，小さい声でもあいさつを返せるようになってきた。必ず「今日は何人の人に朝のあいさつを元気よく言えましたか」と問いかけたことが，児童たちへの動機づけになったようであった。

　チャイム着席や授業中のルールなどは，教師がその場にいて，守れたときなどこまめにたくさんほめることを心がけた。児童たちはほめられることに心地よさを感じたようで，率先して守ろうとする様子がうかがえた。しかし，教師の目の届かないところでは，まだまだルールを無視することがあった。自己中心的な，相手を傷つける言葉が飛び交ったり，当番の仕事を途中で投げ出す児童もいた。

● 学級集団のリレーションの確立ぐあい

　まず二人組の活動を行った。学習中も隣の人と一緒に考えて答えを出していく活動を設定した。モデルになるよい行動や考えはみんなに紹介し，ペアをほめて，互いのかかわりを意識させた。また，おとなしく目立たないが，ルールに従いまじめに行動している児童を見落とさないように，ほめるように心がけた。

　SGEを取り入れるときには，洋介や一貴が楽しんで参加できるように，またうまく活動できなくて同じグループの児童たちから非難されることがないように，必ず事前に教師と一緒にリハーサルを行った。このことで，洋介や一貴は不安にならず，みんなと一緒に活動に参加することができた。いままで「洋介や一貴がグループにいるとなかなかうまくいかない」と思っていた児童たちも，彼らへの見る目が変わり，からかいも少なくなってきた。

　児童同士の関係を広げていくために，週に一回，「みんなで遊ぶ日」を設け，教師がリーダーとなって遊びを提案し，ドッジボールや鬼ごっこなどをした。自己中心的な児童や周りと合わせることが苦手な児童が，うまくみんなと遊べたときは，あとから呼んで，「～がよかったよ」と具体的にほめるようにした。

　しかしながら，児童だけでは，いろいろなトラブルが起こっている現状であった。

1学期を振り返って

● おおよそ計画通りに進んだこと

　低学年の児童は先生にほめてもらいたいという思いが強く，ほめてルールを守らせ

ていくことには，一応の成果がみられてきた。また，ルールの守り方を具体的に示唆したので，ルールを破った児童にも，児童同士で具体的に指導・注意をすることができた。「ルールは守るためにある。ルール違反は許されない」ということが，日常生活を通して少しずつ理解されてきていると思われた。

　洋介，純也，一貴に対しては，この児童たちが苦手とする部分を教師が予測し，先に先に支援の手を入れるようにしたので，少しはクラスが安心できる居場所となったのではないかと思う。

　もちろん，まだまだ手助けしなければならないことも，小さなトラブルもたくさんあるのだが，小集団での活動ができるレベルになってきたと思う。

● **思い通りいかず苦戦したこと**

　自分勝手な意見を出す数名の児童に対して，周囲の児童たちが何も言わない（言えない）雰囲気がある。またトラブルが起こったときに，自分の非を認めようとしないで，相手を攻撃する傾向がみられる。

　係活動や当番の仕事に対しては，手を抜く児童たちがみられるようになった。そこで，掃除は，分担場所や仕事内容を，できるだけ細かく決めて取り組むようにしたが，あまり効果がなかった。低学年の掃除場所は，教室と廊下が主たる場所で教師の目が届きやすいのだが，それでも，ときどき廊下にバケツが残っていたり，ほうきが落ちていることがあった。注意をしても，当番の児童がだれも片づけようとせず，だれかがやってくれるだろうとあてにしている様子がみられた。それをきつく叱ると，他人のせいにして，自分は悪くないとアピールしてくる。自分の仕事に自覚をもつこと，各自の活動に意欲をもたせることが，あまりできていなかったのではないかと思った。

2 学期への課題

　係活動や掃除などがいい加減になると，学級集団のルールもくずれていくと考えた。また，このことは，言葉でいくら注意しても，それだけではなかなか改善されないと思った。そこで，分担場所・仕事内容・自分の係が，視覚的にはっきりとわかることと，自分の役割だけでなくほかの人の役割も一目でわかる工夫が必要だと思い，係分担表を作り直した。また，係活動，当番活動の初動体制づくりを，ていねいにやり直すことにした。

　さらに，仕事のあとに，必ず振り返りの時間を取るようにした。仕事が最後まで終わっているか，やり残したことはないかなどの確認をみんなで行った。できるかぎり教師も加わり，がんばったことやできたことはほめるようにした。ときには，お掃除週間として「ぴかぴか週間」などを学級で設け，シールを貼ったり，賞状を作ったりしてがんばりを認める工夫もした。

| 2学期 | 教師からのアクション |

だれもがリーダーになるチャンスをつくる

目標

　2学期のゴールを,「ルールにそって小集団で行動できる,まとまりのある集団をつくること」とする。行事などを通してルールを確認し,さらに定着と内在化を促進する。また,活動ごとにリーダーをつくり,リーダーを中心に活動できるようにする。

計画と実施

ルール　ルールを意識させ,そのルールにそって行動できるようにする

① 「みんなが笑顔の楽しいクラス」という学級目標をさらに達成するために,どのようなクラスのルールが必要かを話し合う。1学期と変えたところは,児童たちに意見を書かせ,それを使って児童たちが自分たちで決めたルールであるという自覚をもたせる。また「約束(ルール)はクラスのみんなが守る。もちろん,先生も守らなければならない」ことを再度確認する。
② ルールが守れたときは,みんなで喜び合う。ルールが守られなかったときは,1学期と同様に,なるべく個別指導でルール違反であることを伝え,どのようにすればよかったのか,どのように行動すればルールにそった行動を取ることができたのかということを,ていねいに指導していく。
③ ルール違反に関しては,個別の振り返りシートを準備し,帰りの会の前に自分で振り返る時間を確保する。シートには必ず教師からのコメントも書き入れる。

リレーション　児童同士の認め合う場をつくり,リーダーの指示に従って協力することで,児童たちの関係性をより深め,広がるようにする

① 班長や当番長,係長を中心にした活動を設定することで,だれもがリーダーになるチャンスを与える。リーダーとフォロワーの関係を理解させていく。
② グループ分けでは,洋介(A),純也(B),一貴(C)らを受け入れてくれるメンバー構成を配慮する。
③ グループの中の役割分担を明確にし,自分の仕事に最後まで責任をもたせる。結果はどうであれ,最後までがんばったことには,みんなで感謝の気持ちを表す。
④ 学習の場面でも,4人グループでの活動を設定する。例えば,4人で交代で音読をする。体育では,一斉に準備運動したあと必ずグループで活動する時間を取るなど。

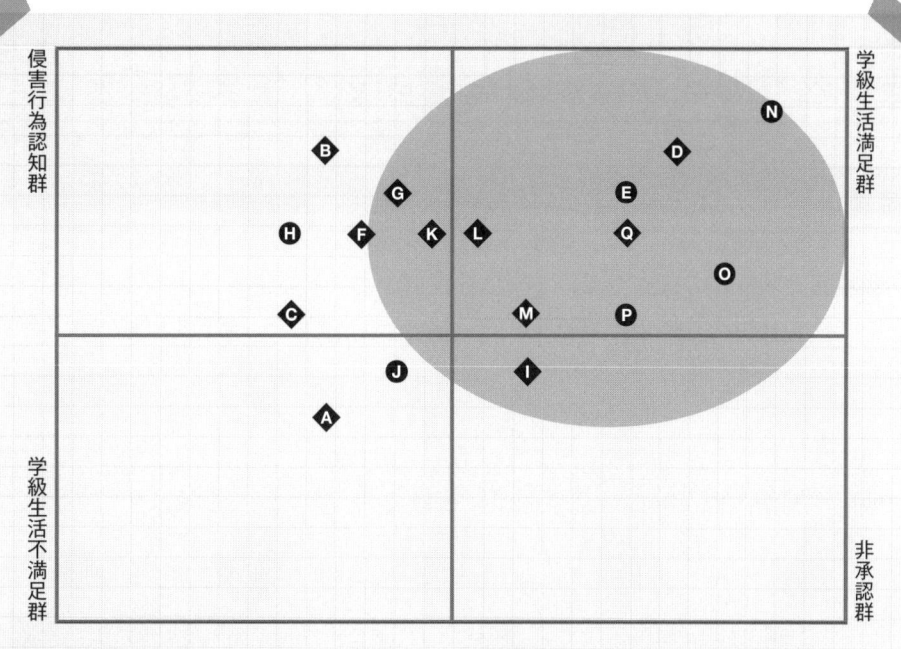

■学級の公的なリーダーの児童
【男子】D：何にでも積極的に取り組む。みんなから信頼されている。やさしい。
【女子】E：明るく責任感が強い。面倒みがよい。
■学級で影響力の大きい，陰で仕切るような児童
【男子】F：口調が強く，班長になりたがるが，自分の意見を通そうとする。
【女子】該当なし
■態度や行動が気になる児童
【男子】G：自分勝手な行動がある。上手にみんなとかかわることができない。
【女子】H：被害者意識が強い。ちょっとしたトラブルでふさぎ込む。
■プロットの位置が教師の日常観察からは疑問に感じられる児童
【男子】Q：いつも不満を言いにくる。
【女子】該当なし

■学級内の小グループを形成する児童
【男子】K，L，M：仲よく，放課後もよく遊んでいる。
【女子】N，O，P：去年は別のクラスだったが，休み時間などほぼ一緒に過ごしている。
■4群にプロットされた児童に共通する特徴
【満足群】学習や係の仕事に積極的に取り組む。友達にやさしい。
【非承認群】自分の思いを友達に伝えることが苦手。
【侵害行為認知群】友達の思いをくみ取ることが苦手。小さなトラブルが多い。
【不満足群】個別の配慮が必要。学習面でも配慮を要する。
■学級の様子と問題と感じていること
　人間関係の希薄さからか，互いの良さを認め合うことができない。トラブルが起こると，自分の非は認めようとせず，相手を責める。
　教師の目が届かないところでは，学級の基本的なルールが守られていない。

2学期半ばの学級集団の状態［11月］

2学期　学級集団の反応
振り返りのなかに温かな雰囲気が生まれてきた

結果

●学級集団のルールの確立ぐあい

　当番や係の仕事を途中で投げ出すことがみられた児童たちも，1学期末から手だてを講じてきたこともあり，2学期は大きくくずれることなく活動できた。また，ルールにそって行動したことで活動がうまくいったときは，そのことを話題に取り上げ，ルールの必要性をみんなで考えるようにもっていった。これにより，一つ一つのきまり（ルール）が，いろいろな行事などのときに立てためあてを達成することにつながっていることを，児童が意識するようになっていった。

　また，仕事のあとに行っていた個人の振り返りに加えて，グループの振り返りを行った。リーダーを中心にグループの取組みを振り返ることで，児童が互いを認め合うことができたと思う。さらに，ルールを守って活動した友達をみんなでほめることで，学級に温かな雰囲気が生まれてきた。

●学級集団のリレーションの確立ぐあい

　2学期の最初に行った席替えは，生活班のメンバー構成にもかかわるので，慎重に考えた。生活班の4人規模はリレーションは深まりやすいのだが，班以外のメンバーとの関係の広がりに欠けること，相性の悪いメンバー同士では活動するたびにトラブルが発生することが考えられるので，その後も定期的に席替えをした。また，生活班とそのほかのグループでは，なるべくメンバーが同じにならないようにした。新しい班をつくったときには，班に課題を与え，協力して取組み，解決させることで，それまではかかわりが浅かった友達ともリレーションが取れるようになってきた。

　週に一回の「みんなで遊ぶ日」は，これまで教師がリーダーとなって遊びを提案してきたのだが，2学期は教師はフォローに回り，遊び係にまかせるようにした。

　自分の意見ばかりを通そうとする児童もまだまだいるが，自分の意見と人の意見が違うときには，自分の思いと学級のみんなの思いに折り合いをつける姿が少しずつみられるようになってきた。そのことを教師がみんなに伝えることで，その児童に対するみんなの目も変わってきたように感じる。

2学期を振り返って

●おおよそ計画通りに進んだこと

　日を追うごとに学級の雰囲気が変わってきて，ルールを守ろうとする意識が上がってきたように感じる。席替え，班替えを行い，新しい班のメンバーとの出会いを繰り返したことと，どのグループでも一人一役の役割を明確にして取組みをしたことで，

「ルールを守ることは自分を守ることである」「友達を理解することは，自分を理解してもらうことにつながる」ということを児童たちはなんとなく感じているように思う。

そのため，小さなトラブルは起こっているが，互いを傷つけ合う言動は減ってきた。洋介をからかう言動も減ってきた。また，純也の離席につられて立ち歩く児童もみられなくなった。

2学期は活動後の振り返りを反省会とせず，取組みのなかでよかったことを出し合うようにしたことも，効果があったと思う。友達を非難することで自分を保つ関係から，友達のよいところやがんばっていることをみることで，自分もまたがんばったことやよかったところをほめてもらう関係ができ，そのことで自尊感情，自己効力感が高まっていったのではないかと思う。これらのことから，ルールの内在化・習慣化ができつつあるのではないかと考える。

●思い通りいかず苦戦したこと

いままでと違った雰囲気が感じられ，忘れ物が多くなったり，ささいなことで友達とトラブルを起こし，素直に謝れなくなったりする児童が出てきた。気をつけて様子をみていると，家庭でのトラブルを抱え，それを上手に解決することができない様子がわかってきた。児童たちの家庭環境に教師が入り込むことはとてもむずかしいことだが，家庭環境の影響でも，児童たちの内に秘めているエネルギーは大きく変化する。そんな児童にどのように接し，指導していくのか悩んだ。

3学期への課題

一人一人の児童の居場所を，さらに学級内につくりたいと考えた。それが，一人一人を大事にすることとつながると考えた。

そこで，学級全員の児童たちが，学校生活のなかで，なんらかの輝きを発揮できるように工夫した。例えば，おとなしく目立たないが，絵を描くことが好きで得意な児童に，絵を描いてもらい，教室の掲示スペースにその絵を貼ったりした。また，あたりまえのことでも，教室に落ちているゴミを拾ってゴミ箱に捨てている，それをサッとやってくれている児童を見落とさないように心がけ，「ありがとう，きれいになって気持ちよくなったね」と言葉をかけるようにした。教師が率先してそのようにすることで，教室の中に「ありがとう」の言葉が気持ちよく飛び交う素地をつくろうと考えた。

学級通信にも，児童のがんばっている姿や，活躍している姿，認められている姿を載せて，家庭に届けるように工夫した。

3学期　教師からのアクション
児童に任せる活動を意図的につくる

目標

児童たちが自らルールを意識して，互いの良さを認め合いながら学級全体で活動できること，そのために児童の主体性を尊重する形で指導を行い，児童たちの意欲を喚起させることをめざした。

計画と実施

ルール　自らルールを意識して，学級活動に参加できるようにする

①ルールの徹底を図る。ルールにそった行動ができているときにはほめることから始め，ルールが守られなかったときは，自分からなぜルールが守れなかったのか，次回はどのような行動を取ればよいのかなどを言わせることで，自発性と責任感をもたせるようにする。

②生活班，係活動のグループ，遊びのグループを活用して，リーダーを中心に自分たちでルールを確認し合い，そのルールにそって活動できるように支援をする。教師は一歩下がって，意欲が持続するように声をかけたり，承認したりする。

リレーション　中集団の活動のなかで，互いの良さを認め合い，相互理解を深める

児童一人一人が，学級の友達から認められている，所属している学級に貢献できていると感じられるようにしたい。1学期に掲げた学級目標「みんなが笑顔の楽しいクラス」の，「みんな」のなかに「自分も入っているのだ」と実感できることを目標にする。

①いろいろな活動の場でみんなにリーダーとフォロワーを体験させ，自覚させるようにする。

②友達の良さやがんばっていることをみつけ，児童同士が認め合えるように教師が手助けをする。

③「お別れ集会」や「学級の集会」，「文集作成」など，3学期の行事を利用して，児童たちが，自分の成長に気づき，達成感を味わうことができるようにする。

3学期 学級集団の反応
自分たちで話し合えることの達成感が得られた

結果

●学級集団のルールの確立ぐあい

　ルールを守って過ごすことが，あたりまえのこととして，児童の生活の一部になりつつある。大きくルールを逸脱する前に，児童同士が声をかけ合う姿がみられた。

●学級集団のリレーションの確立ぐあい

　小さなトラブルは起こっているのだが，相手を傷つけるような言動はとても少なくなった。また，素直に謝ることができるようになってきた。家庭や保護者ともリレーションが取れてきたことを感じた。

3学期を振り返って

●おおよそ計画通りに進んだこと

　ルールを守ろうと児童たちが自分たちで意識し，それにそって行動できるようになったことで，学級でのトラブルがだんだんと減ってきた。

　6年生とのお別れ集会の取組みでは，学年で決まっていることでも，児童たちと話し合いながらつくり上げたというスタンスを保ち，集会が終わったときに「自分たちでがんばってやり遂げた」という達成感を児童がもてるようにした。児童たちはとても満足した顔で，一人一人が輝いて見えた。

　低学年なので，まだまだ「先生！先生！」と教師との関係を第一に思っている児童たちもいるが，それでも，この時期になると，自分たちで話し合ってルールを決め，活動や遊びを組み立てている姿もみられるようになり，それに教師も乗っかって楽しく参加している。

●思い通りいかず苦戦したこと

　教師が安心して少しでも指導・支援をいい加減にすると，アッという間に集団がくずれそうな，そんな危機感がいつもある。

　家庭の事情で学校に来られない児童がいて，なかなかそこに教師として踏み込むことができなくて，管理職を通して専門機関につなぐことが精一杯だった。その児童を守ることができない自分を腹立たしく思うこともあった。

1年間を振り返って

　最初は集団というより群衆に近い学級だったと思う。苦労は多かったものの，いろいろな児童たちの側面をみることができて，その過程の大切さを学んだ。

事例解説 4

小集団成立過程で葛藤があった学級集団【2年生】
佐藤節子

●"よこ型"の状態からスタートした学級集団

本事例の2年生の学級は、学級編制替えがあったとはいえ、半数は前年度と同じメンバーのままで、児童たちは学校生活に慣れてきたぶん、個人や集団の約束がルーズになってしまい、勝手な言動がみられるようになってしまったよこ型の状態から集団がスタートしました。学習意欲を高め、日常活動が気持ちよく成り立つようにするためには、ルールをもう一度確認してしっかり定着させることが優先課題でした。

●小集団成立過程での葛藤と、その考えられる理由

この集団が小集団成立過程で苦戦した背景には、1年生のころに、ルールのもとにみんなで楽しい活動をしたという経験が児童に少なかった、ということがあるかもしれません。また、係活動や当番の仕事の仕方にあいまいな部分があり、児童たちが自分勝手に解釈したりして、適当に仕事をやってしまったことが考えられます。これを黙認してしまうと、ルールがどんどんくずれていきます。

そこで担任は、ルールを具体的な行動レベルで示し、簡潔な方法で視覚に訴えて、全員に浸透するようにしています。さらに、できたかできなかったのかの振り返りを大事にすることで、意識化を図っていきました。もちろん、どの児童にもルールは平等であることが大切です。

●小集団成立過程での葛藤に対して、この対応がよかった

4月に、どの児童も納得できる学級の理想像・学級目標を掲げ、その目標を達成するためのルールを、教師主導の話し合いによって設定しています。このように、何かを振り返るときに戻っていくところを全員で共有することはとても大切なことです。

また、児童の仲間関係をつくる過程に、教師が意図的・積極的にかかわっています。1学期は、週に一回「みんなで遊ぶ日」を設け、教師がリーダーになって児童同士の関係を広げています。また、SGEを実施するときは、洋介（A）、一貫（C）が楽しんで参加できるようにリハーサルを行い、周囲の児童の意識が変わるように配慮をしています。

そして、途中からは、教師主導で行っていたルールづくりや振り返りを、しだいに児童たちにゆだね、そのなかで、リーダーを固定しないこと、それぞれが役割をきちんと果たすことが周囲の称賛を得ることを、体験を通して学ばせています。

●この事例から得られる、学級集団づくりの鉄則

2年生の児童たちは理想主義者です。理想をどのように具体化していくかの話合いを児童と一緒にもち、そのようにしてできた目標とルールを常に掲げていきます。活動の前にはルールを確認し、ルールが守られたかどうかを必ず振り返り、できたことは児童たちの手柄にしていくことです。「君たちはきちんとルールを守って楽しく活動できる児童たちだ」と、繰り返し伝えることです。

学級が親和的になることによって、洋介、純也（B）、一貫も、満足群に近づきつつあります。学級が安心していられる場所になったことで、ありのままの自分でいることができ、かつ建設的で協力的な言動が増えたのだと思います。

理論編

事例編

小集団成立過程

中集団成立過程

自治的集団成立過程

中集団成立過程の葛藤	集団づくりの経過
	-3 | -2 | -1 | **1** | 2 | 3 | 4

発達の個人差が大きな学級

「ハッピークラス」を合い言葉に，まとまりを形成した事例

キーワード
１年生，特別支援を取り入れた指導，学級通信，読み聞かせ

一 学級経営の背景
じっとしていられない１年生

学級担任の紹介，教育観

●**教師になった理由，年齢，教師歴**

30代前半の男性教師。大学院（教育学）を中退し，ボランティア活動で海外の小学校に数か月勤務したのち，通信制大学で小学校教諭の免許を取得した。高学年担任が多く，１年生担任は今回が初めてとなる。

●**学級経営に対する考え方**

大学時代に見たテレビドキュメンタリー「こども・輝けいのち―涙と笑いのハッピークラス～４年１組命の授業～」（金森俊朗氏の実践）に感銘を受け，子ども同士がつながり合い，思いを共有・共感できる学級づくりをめざすようになった。学級の実態把握を頭に入れた学級経営を常に心がけている。

●**指導タイプ**

温厚だが，ときに熱くなる性格である。児童の変化を見逃さずに，児童の気持ちに共感するように努めている。規律ある行動を身につけさせたいと思ってはいるが，なかなか思うようにいかない現実がある。常にアンテナを高く張り，自分が興味関心をもったことを，学級にも生かしたいと考えている。

地域・学校・学年・児童生徒の状況

●学校と地域の状況

2校めの勤務校となるこの学校は市境に位置する。住宅街の真ん中にあり，駅にも近く，マンションやアパートに住む児童が多い。PTA活動が盛んで，教育への関心が高い保護者や，能力の高い児童が多い。いっぽう，家庭環境に配慮を必要とする家庭もあって，ばらつきもみられる。

●学年・児童生徒の状況

事例の学級は1年生で，児童数28人（男子14人，女子14人）。学年3学級で，男女比率は半々，バランスがとれている。近隣の3～4箇所の幼稚園出身の児童がほとんどだが，保育園出身者もクラスに4，5人いる。

学年主任は低学年の指導経験が豊富な50代のベテランで，ほかの学級にも配慮ができる。もう一人は30代女性で，3年連続1年生を担任しており，行事をはじめとした動きがよく見えている。

当該学級の状況

●当初の目立った問題点

- やることが遅い児童や，物知りで好奇心旺盛，知っていることをペラペラしゃべってしまう児童などがいる。一つの課題をこなすのにばらつきのあるクラスといえる。
- 康平（A）は，周囲の状況が読めず，すぐ声に出したり出歩いたりしてしまう。一度ふてくされると，元にもどるまでに時間がかかる。手遊びが多く，性器いじりが残っている。友達に悪口を言ったり，つばをかけたりすることもある。就学前に保護者が来校し，相談を続けてきた。
- 直人（B）は，友達とトラブルになることが多く，自分の非は認めようとしない。話を最後まで聞けず，落ち着いた姿勢で学習することがむずかしい。虫が大好きで，昆虫の名前をよく知っている。
- 俊輔（C）は，おだやかでマイペース。担任にべったりしていて，自分から友達に話しかけられない。

●学級経営をするにあたっての指針

康平，直人のほかにも，じっとしていられない児童が多いので，まず小学校の生活リズムに慣れさせていきたい。そのためには，特別支援教育の視点をもった授業づくり，学級づくりが大切になると思う。集団の中で，一人一人に目を向けて指導することを心がけたいと思っている。保護者の教育的関心が高いので，学級での取組みを学級通信で知らせて，保護者を巻き込んだ支援をしていきたいと考えている。

1学期 教師からのアクション
ルールをわかりやすくシンプルに伝える

目標

1学期のゴールを「学校生活，集団生活に慣れ，たくさんの友達とかかわろうとする状態」とし，まず担任をリーダーに多くの友達と遊べるようにする。また，少しずつ自分のことを自分でできるよう促し，友達とかかわろうとする態度を育成していく。

計画と実施

ルール 学校生活（集団生活）のルールを知り，一人一人が守ろうとする

① 「学校はハッピーになるために来るんだよ」を合い言葉に，みんなが気持ちよく生活できる場にしていこうと，児童たちに呼びかける。そのうえで「こんなことができるクラスがいいね」と，4つの目標を担任が設定する。
② 目標を達成できたか，帰りの会で児童たちに聞いて，その日一日を振り返る。
③ 「こんなことをしたら先生は叱るよ」と，以下の3つの規準を示す。
　・きけんなことをしたとき
　・なんどいわれても　なおそうとしないとき（二回までは我慢する）
　・ひきょうなことをしたとき（いじめ・さぼり・悪口・暴力など）

リレーション 担任と児童との関係を構築する。だれとでも接しようとする態度を育成する

① 学級通信「つながり」をこまめに発行する。特に初めの3日間は，「朝の靴の入れ方」「ランドセルのしまい方」「筆箱の中身」「鉛筆の持ち方」などについて，担任の呼びかけと児童の反応をライブ形式で綴り，様子を知らせる。
② 児童の言葉づかいのモデルになるよう，担任は児童たちを下の名前で「○○くん」「○○さん」と呼ぶ。配布物の受け渡しでは「はい，どうぞ」「ありがとう」，ノートを見てもらうときには「お願いします」と言えるように，場面をとらえてそのつど指導していく。
③ 長い休み時間には，担任が児童たちと一緒に外遊びをして，思いっきり体を動かす楽しさや友達と接する楽しさを体験させる。

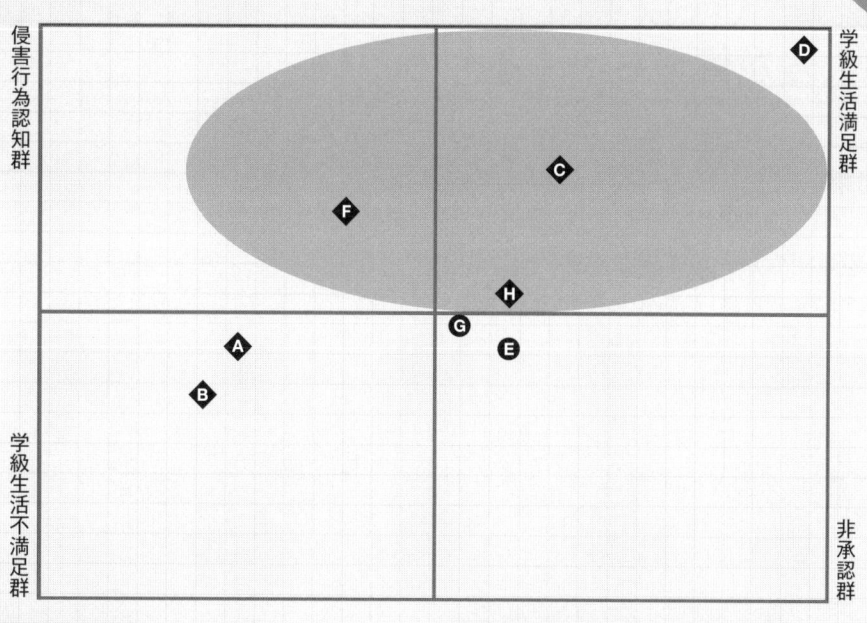

第3章 学級集団づくりの事例 事例5

(図：学級満足度尺度のプロット図。縦軸は「侵害行為認知群」(上)／「学級生活不満足群」(下)、横軸右下に「非承認群」、右上に「学級生活満足群」。プロット：D(右上隅)、C(中央上)、F(左上)、H(中央)、G(中央)、E(中央右)、A(左中)、B(左下))

■学級の公的なリーダーの児童
【男子】D（健吾）：しっかり者で，運動も勉強もできる。明るくて何事にもがんばる。
【女子】該当なし

■学級で影響力の大きい，陰で仕切るような児童
【男子】該当なし
【女子】該当なし

■態度や行動が気になる児童
【男子】A（康平）：授業に集中できず離席することがある。手遊びが多く，人にちょっかいを出す。
【女子】E：言葉が少し乱暴。授業中になると声が小さい。

■プロットの位置が教師の日常観察からは疑問に感じられる児童
【男子】F：明るく前向きに取り組むことができる。サッカーが得意。
【女子】G：冷静でおとなしく，物事をきっちりやり通すタイプ。文字もていねい。

■学級内の小グループを形成する児童
【男子】A（康平），H：幼稚園が一緒。A（康平）がHに声をかけて遊んでいた。
【女子】該当なし

■4群にプロットされた児童に共通する特徴
【満足群】明るく元気に生活している児童が多い。
【非承認群】おとなしく自信がなさそうな児童が多い。
【侵害行為認知群】元気だが，甘えん坊で自分本位の児童が多い。
【不満足群】無駄話などをして，落ち着きのない児童が多い。

■学級の様子と問題と感じていること
　登校をしぶる児童がおらず，出席率も大変高い。しかし，話を聞くことが苦手な児童が多く，学校生活のルールを徹底する必要がある。

1学期の学級集団の状態 [5月]

1学期　学級集団の反応
個人差が目立ち始める

■ 結果

● **学級集団のルールの確立ぐあい**

　4つの学級目標「まいにち　げんきに　とうこうしよう」「えがおで　あいさつ　へんじをしよう」「しんけんに　はなしを　きこう」「まじめに　こつこつ　がくしゅうしよう」が守れたか，毎日の帰りの会で点検した。先生やみんなが達成できたと思えば，項目一つにつきシールを1枚貼り，これを「ハッピーシール」として教室に掲示した。30枚たまるごとに，絵本を1冊クラスに増やすことを約束し，たまった日には読み聞かせを行った。この結果，本の読み聞かせを通して，児童たちの真剣に聞く態度をほめることができ，きまりを守ることは，自分たちにとってもいいことだと児童が気づくきっかけになった。

　また，学級通信で，持ち物などを細かく説明したこともあって，忘れ物をする児童はほとんどいなかった。1学期は38号を発行し，保護者との関係づくりに役立った。連絡帳で質問してくる保護者も，ほとんどいなかった。

● **学級集団のリレーションの確立ぐあい**

　4月当初は，同じ幼稚園出身の児童や一部の友達の名前しかわからなかった児童も，5月の「これはだれでしょう」クイズでは，かなり友達のことがわかるようになった。自分との共通点や相違点から，新しい友達に関心をもつことができた。虫の大好きな直人（B）は一躍注目を浴び，とても満足していた。

　学級通信には，児童たちの活動の写真や作品，児童たちの「ちょっとイイ話」などを載せ，保護者が読みやすいように工夫した。児童たちも学級通信を見て「○○さんの作品のここが上手だね」「○○さんってとても細かく絵を描くんだね」などと，少しずつ友達の個性を理解していった。

　また，担任にべったりしていて自分から話しかけられない俊輔（C）とは，まず担任が一緒に遊ぶようにした。すると「面白そうだからぼくも入れて」と，少しずつ周囲の児童がかかわり始め，俊輔の心がどんどん開いていった。

■ 1学期を振り返って

● **おおよそ計画通りに進んだこと**

　毎日元気に登校する児童が多く，6月以外は出席率が100%だった。外で元気に遊ぶ児童が多く，体力もついたためかもしれない。「学校に行きたくない」という児童もいなかった。第一の目標である「まいにち　げんきに　とうこうしよう」は，大成功といってもよいだろう。

あいさつでは担任から「○○さん，おはよう」と声をかけ，手本を見せた。児童たちもすすんであいさつをするようになった。『はい』という「返事」，『おねがいします』『はいどうぞ』といった「心づかい」も，年度当初から指導したことで，「学校というのはこういうもの」という意識が児童たちに抵抗なく行えたことがよかったと思う。

晴れの日の「鬼遊び」「ボール遊び」，雨の日の「だるま落とし」「折り紙」「押し相撲」「腕相撲」など，ボディコミュニケーションのある遊びや，ルールを守らないと面白くない遊びを通して，友達を尊重することや，きまりを守る意識が芽生えてきた。

● 思い通りいかず苦戦したこと

ランドセルの片づけ，着替え，提出物を出し，朝の活動の準備をするといった，毎朝の一連の活動に個人差が目立った。早く外に遊びに行ける児童と，いつまでも終わらない児童やずっとふざけておしゃべりをしている児童がみられた。何かやろうとしても，すぐに別のことに気がいってしまう康平（A）をはじめ，そういう児童に流されてしまう児童は，時間がかかっていた。

「しんけんに　はなしを　きこう」ということに関しては，なかなか定着できなかった。担任の手拍子をまねさせる「リズム打ち」や，担任が「お話聞いて」といったら児童が「はいどうぞ」と応じる活動は，児童たちを集中させるのに一定の効果はあった。しかし，そのときは静かになっても，すぐにおしゃべりや手遊びを始める児童が目立った。康平もかけ声や手拍子に反応するものの，すぐに手遊びに走ってしまい，叱る場面が多くなってしまった。

そこで，①話す人を見る，②手遊びをしない，③最後まで聞く，の３点を自分でチェックし，できたらリンゴに色を塗るという活動に１週間取り組んだところ，康平もがんばろうとする姿がみられ，この期間はほめることができた。この後も，三つの観点で意識的に行動する児童が増えたが，いつも話をしてしまう児童には継続性がみられなかった。

２ 学期への課題

注目はできても，話を聞くことを継続できない要因として，担任の指示の出し方や授業の構成に無理があるのではないか，児童をほめてモチベーションを高める取組みが欠けているのではないかと考えた。そこで，指示は一つずつ細かく出すこと，児童の考えをじっくり拾い，一人一人の名前を授業中にたくさん出すことに取り組む。「○○さんは，いま何て言ったの？　わかる人？」「○○さんは，よく聞いていたね」というように，発言した児童も聞いていた児童も取り上げることで，「自分が先生にみられている」という意識をもたせていく。

また国語では，「こういうことを何て言うんだっけ？」というように，クイズ形式で出題することを増やし，正解して目立ちたいという児童が積極的に授業に参加できるようにしていく。

2学期　教師からのアクション

自分たちでできることを増やす

目標

　2学期のゴールを「自分のことは自分でできるようにする。相手の気持ちを少しずつ理解できるようにする」とし，担任がリーダーとなりつつも，自分たちで考え，行動できることを増やし，小集団の活動を充実させていく。

計画と実施

ルール　学校生活（集団生活）のルールを自分たちで守ろうとする

①2学期は学級会の実行委員を輪番とし，学級の問題をどうすれば解決できるかを自分たちで考える機会とする。「先生が決めたことをただ守るよりも，失敗しても自分たちで考え，自分たちで守ろうとすることはすばらしいことだよ。失敗しても，ばん回すればいいんだよ」ということを伝え，教室にもそのことを絵で掲示する。
②係活動は，1学期は教師主導で決めたり指示したりしていたが，2学期は仕事の内容を児童たちで考えて，自分たちでがんばりを評価するようにする。
③1学期に引き続き，毎日の帰りの会で「ハッピーシール」の取組みを行う。学級目標が達成できたらシールを貼り，シールがたまったら学級の本を増やしていく。

リレーション　担任と児童との関係，および児童間の関係を構築する。自己開示ができる場を増やし，思いを伝えようとする

①文字が少しずつ書けるようになったので，「ドラえもんノート」の取組みを行う。毎週，学級や学校行事のことをテーマに日記を書く。書いた日記には，必ず返事を書き，可能な限り学級通信で紹介する。通信を配布するときには，学級で読み合わせも行った。
②児童間でできる学び合いを増やしていく。算数では，グループで一つの答えをまとめ，ホワイトボードに書いて発表し，ほかのグループと比べて確かめるという活動を行う。自分たちで役割を分担したり交代したりしながら進めていく。図工の「できたらいいなこんなこと」という絵を描く学習では，「自分一人で1枚の絵を描くのではなく，友達と絵を合体して大きな世界をつくってみよう」と呼びかけ，つながりのある大きな世界を描かせる。

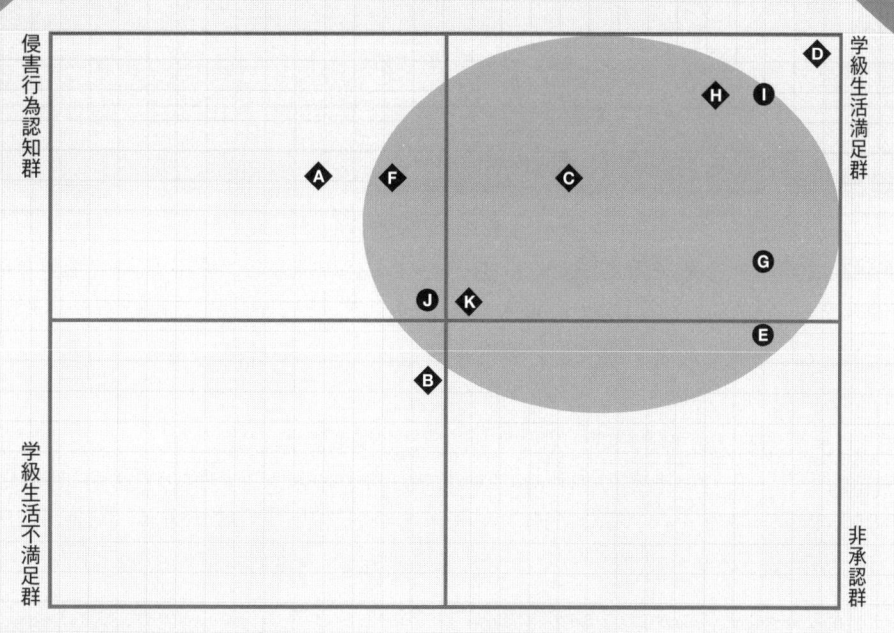

(軸ラベル:) 侵害行為認知群 / 学級生活満足群 / 学級生活不満足群 / 非承認群

■学級の公的なリーダーの児童
【男子】H：D（健吾）と一緒に，クラスのためになることをすすんでやってくれる。
【女子】I：元気で声も大きく，A（康平）やB（直人）にもすすんで声をかけ，困っていると手伝ってくれる。

■学級で影響力の大きい，陰で仕切るような児童
【男子】該当なし
【女子】該当なし

■態度や行動が気になる児童
【男子】B（直人）：学習の理解度が低く，投げやりになってしまうところがある。
【女子】J：友達とトラブルがあると，黙って泣いてしまい，思いを伝えられない。

■プロットの位置が教師の日常観察からは疑問に感じられる児童
【男子】K：調子に乗りやすく，あまのじゃくなところがある。
【女子】該当なし

■学級内の小グループを形成する児童
【男子】D（健吾），H：HはA（康平）となかよしだったが，2学期はリーダー格のD（健吾）とよく遊ぶようになった。
【女子】該当なし

■4群にプロットされた児童に共通する特徴
【満足群】素直で，何事にもやる気のある児童が多い。
【非承認群】学習の理解度が低く，友達とちょっとしたトラブルを起こしやすい。
【侵害行為認知群】すぐに人のせいにするところがある。
【不満足群】一人でいることが多く，自分から声をかけられない児童が多い。

■学級の様子と問題と感じていること
　学校生活にも慣れ，友達とのかかわりが増えた反面，小さなけんかやトラブルが多くなった。人との違いを認められるように，少しずつ他者意識をもたせていく必要がある。

2学期の学級集団の状態［10月］

2学期 学級集団の反応
他人から認めてもらうことで，よい循環が生まれる

■結果

●学級集団のルールの確立ぐあい

「ハッピーシール」の取組みで本が少しずつたまったことで，自分たちのがんばりが目に見える形でわかり，「また先生に本を読んでもらいたい」という気持ちからがんばる児童が増えていった。好奇心旺盛な直人（B）は，給食で「インドカレー」が出ると，「世界地図絵本」を取り出し，インドの場所を調べていた。

係活動では，自分たちで決めた仕事を自分たちで行うことで，少しずつ学級への帰属意識が高まってきた。「お話を聞いていない児童には，いま大事なことをお話ししているよと気づかせてあげよう」と児童たちで決め，「シー！」のジェスチャーで伝え合うようになった。また「姿勢を正しくしてください」と一人が呼びかけると，全員が「はい」と言い，前方に注目できるようになった。

それでも，康平（A）は手遊びをしたり，ほかの児童を巻き込んでちょっかいを出したりすることがあった。みんなに「康平！」と注意を促されても，逆に「なんで何回も言うんだよ！」とすねてしまうことがあった。

●学級集団のリレーションの確立ぐあい

「ドラえもんノート」の取組みは，家庭の協力もあり，ほぼ100％の児童が毎週日記を提出した。まだ文章を書くことに慣れていないので，「はじめ」「なか」「おわり」のパターンで，どのテーマでも文章を書くようにした。

児童は「今日はぼくの日記が載るかなあ」と，自分の文章が学級通信に載ることを楽しみにするようになった。テーマは「最近の○○さん」「最近がんばっている人」など，クラスの友達について書けるものを多くしていった。それにより，日記を書いた児童と日記に取り上げられた児童で信頼感が生まれた。

また，学級通信に載った文を読むことは，「こういうことがいいことなんだ」と学ぶ場にもなり，友達のいいところを探すモチベーションが上がっていった。児童たちの関係は一気に深まり，保護者にも児童たちの生の声で学級の様子が伝わることが喜ばれた。ふだんのんびりやの俊輔（C）も，友達のよいところを書いたことで，今度はその児童から自分のよいところを書いてもらい，とてもうれしそうだった。

■2学期を振り返って

●おおよそ計画通りに進んだこと

学び合いの場を設けることで，学習が苦手な児童にも変化がみられた。ふだん落ち着きのない康平だが，学習はできるので，友達に教えてあげることが自分のやる気に

つながっていった。「一人」が「早く」できるよりも「全員が」「確実に」できることをほめることで、できる児童がわからない児童に教えにいく姿が増えていった。教えてもらう児童も、はじめは恥ずかしがっていたが、教える児童が「どこがわからないの？」「こうしたらわかるよ」とやさしく教えてあげるようになると、少しずつ鉛筆を動かして取り組むようになった。

　自分の知識をひけらかす傾向にある児童は、もっと自分を認めてほしいと思っていると考え、発展問題を個別に出したり、自由帳に書いてきたものを学級通信に載せたりした。学級通信を配布するときに「これ、どういうことかみんなに説明してくれるかな」と発表の機会を設けると、周りの児童からも「すごい！」とほめられ、なんでもかんでもすぐに口に出してしまう癖が減っていった。

　11月の休日に行われる「スリーデーマーチ」を紹介したところ、クラスの半数が親子で参加した。10kmの長い距離を親子で歩きながら、「もう少しだからがんばろうね」と友達と励まし合う姿もみられ、児童たちの成長を感じた。

　転校することになった児童には、『いつだってともだち』（モニカ・バイツェ）という本を紹介し、心の中に思い出の部屋があれば、つらくてもがんばれるというメッセージを託した。

●思い通りいかず苦戦したこと

　友達とのかかわりが増えてきた反面、けんかやトラブルも出てきた。康平に対して、健吾（D）たちが「あいつ、おかしい」と避けて仲間はずれにしたり、「むかつくから康平とは遊ばない」といった手紙を渡したりした。ふだんはクラスのために呼びかけを一生懸命したりお手伝いをしたりするなど、「いい子」に見えていた児童たちだけにショックだった。

　当事者を呼んで話を聞いてみると「康平が何度注意してもふざけていて、話を聞いてくれないから」とのことだった。康平は自分の行為が友達を困らせていることに気づくことになったが、とてもショックを受けているようだった。

　「ひきょうなことをしたときには叱る」というルールを改めて確認し、その児童たちを叱ることにした。康平に謝ることはできたが、康平へどうかかわっていいか困惑している様子がみられた。

3学期への課題

　児童たちから「先生、やさしくなったね」と言われたことがあった。児童が自分たちで動けるようになり、「できた」ことをほめる機会が増えたからだと思う。児童たちはほめられることで自信をもち、さらにがんばろうとするようになった。

　「話を聞く態度」は、少しずつ改善されているものの、まだまだ集中力に欠ける面があり、「見通しのもてる授業」づくりが大切だと思う。また、「やってみたいと思う楽しい活動」を取り入れることで、多くの児童に活躍の場を与え、友達のよいところを認めたり、苦手なことを補い合ったりする関係を深めていきたいと考えている。

3学期 教師からのアクション
活動のなかで仲間とつながる喜びを味わわせる

目標

3学期のゴールを「『自分のことは自分でできる』から，さらに『仲間とつながる喜び』を楽しい活動をとおして実感させる」とし，その実感を言葉で表現して共有することをめざす。

計画と実施

ルール 学校生活（集団生活）のルールを自分たちで守り，その大切さを実感する

①1，2学期に引き続き，「ハッピーシール」の取組みを行う。
②授業の流れを視覚化して児童に示す。例えば国語では，「音読」→「読み取り」→「ノートに考えを書く」→「発表・学び合い」→「今日の漢字」というように，授業をユニット化する。この流れを前面の黒板に掲示し，「いまはここをやっているよ」というマークをつけて，見通しをもたせることで，最後まで「話を聞く態度」を維持できるようにする。
③「百人一首」の和歌を少しずつ覚えてきたので，3学期は対戦に取り組む。そのなかで，「よろしくお願いします」のあいさつ，はじめの握手，カードの配り方やお手つきをしたときのルールなどを，一つ一つていねいに指導していく。一回につき20枚の対戦とすると，慣れてくると一回5分程度で終了できる。国語や学級活動，朝の会を利用して，一日一戦を行う。

リレーション 担任と児童の関係，および児童間の関係を構築する。自己開示できるだけでなく，他者に共感できる場を増やし理解を深める

①児童がやってみたいと思う楽しい活動をたくさん取り入れる。2月の生活科では，「あたらしい1年生をしょうたいしよう」という取組みを設定し，近隣の幼稚園児を招待して，自分たちがお兄さん・お姉さんになって学校を案内したり，本を読んであげたり，遊びを一緒にしたりする。
②楽しい活動のなかで，グループで協力して作業する場を意図的に多く設けていく。工作が好きな児童が多いので，「わくわく工作教室」を企画する。
③「ドラえもんノート」の取組みを引き続き行い，学級通信に児童たちの声を紹介していく。

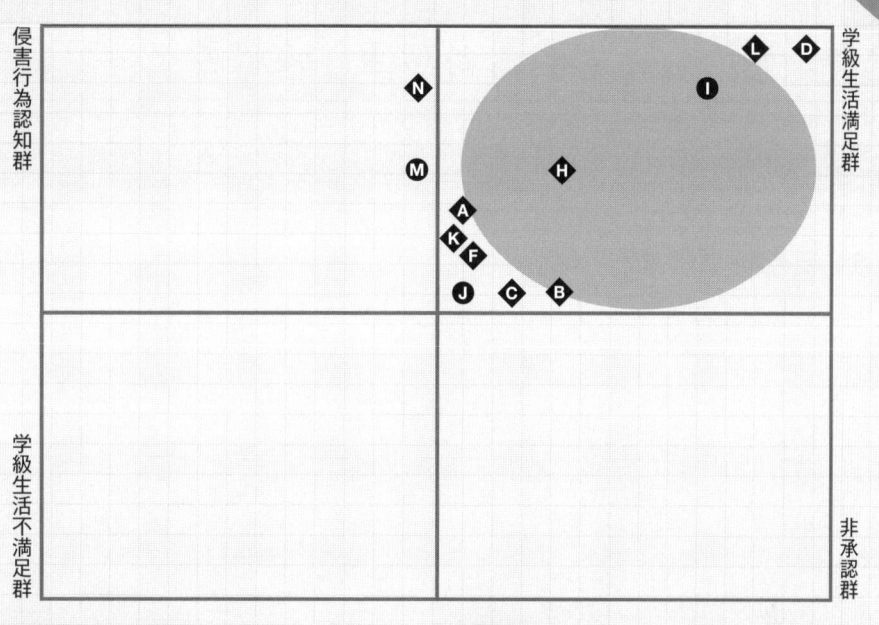

第3章 学級集団づくりの事例 事例5

■**学級の公的なリーダーの児童**
【男子】L：先生の手伝いをよくしてくれる。イベントに創意工夫を凝らす。
【女子】I：まるで先生のようにクラスの児童にいろいろな呼びかけをしてくれる。

■**学級で影響力の大きい，陰で仕切るような児童**
【男子】該当なし
【女子】該当なし

■**態度や行動が気になる児童**
【男子】A（康平）：離席はなくなったが，他人へちょっかいを出すことがなくならない。
【女子】M：やることが遅く，途中で無気力になってしまうことがある。

■**プロットの位置が教師の日常観察からは疑問に感じられる児童**
【男子】該当なし
【女子】該当なし

■**学級内の小グループを形成する児童**
【男子】F，D（健吾），H，N：元気で明るく外遊びが好き。特にサッカーが好きである。
【女子】該当なし

■**4群にプロットされた児童に共通する特徴**
【満足群】授業中でも休み時間でも，友達とかかわりをもてる児童が多い。
【非承認群】おとなしく，自信がなさそうである。
【侵害行為認知群】自分本位なところのある児童が多い。
【不満足群】該当なし

■**学級の様子と問題と感じていること**
　不満足群の児童がいなくなった。小さなトラブルなどがあるが，自分たちで解決していこうとする様子がみられるようになった。

学年末の学級集団の状態［2月］

3学期　学級集団の反応
児童たちのもっている力が伸び始める

結果

●学級集団のルールの確立ぐあい

　学級の目標は毎日唱和したので，3学期にはもう見ないでも言えるようになった。「しんけんに　はなしを　きこう」だけが，1年間通して最後まで課題となったが，「『し』が守れているかな？」のひとことで，おしゃべりしていた児童も静かにしようとする行動がみられるようになった。

　授業の流れを視覚化したことで，児童たちは自分で授業メニューを見て，「次は『教科書を読む』だから教科書を開かなきゃ」と，見通しをもって行動に移すようになった。「はやく教科書を出しなさい」と叱らずにすむので，担任にとっても児童たちにとっても，互いに気持ちよく授業が進んだ。

●学級集団のリレーションの確立ぐあい

　「あたらしい1年生をしょうたいしよう」では，ふだん目立たない俊輔（C）も活躍の場をもつことができ，生き生きと年下の子の面倒をみていた。弟のいる康平（A）は，まさにお兄さん気分で，うれしそうに案内する姿がみられた。

　「わくわく工作教室やりたい？」の投げかけには，すぐに「やりたい！」の声が上がった。教師の説明は最低限にとどめ，あとは「どうしたら完成するか」「どうしたら要領よくできるか」をグループで話し合わせて，作業を見守った。

・「小麦粉が一人カップ2杯必要だから，4人だと8杯取りに行かないと」
・「新聞紙は，机二つくっつけると1枚しけるね」
・「ここ押さえてあげるとうまくいくよ。やってあげる」

　このように，日常的な算数の場にもなり，協力しながら作品を完成させることができた。「動く卵づくり」「プニプニくんづくり」「変身マンづくり」など，集団活動の苦手な直人（B）も落ち着いて，最後まであきらめずに仕上げた。

　「ドラえもんノート」では，2学期にもまして友達の話題が増え，互いを認め，認められる関係が深まっていった。家庭でも学級通信が読まれ，教育活動に協力的な家庭が増えていった。

3学期を振り返って

●おおよそ計画通りに進んだこと

　「ハッピーシール」が1年間で636枚たまり，計21冊の本が学級文庫に仲間入りした。ふだん元気な児童も，読み聞かせのときには，静かに楽しそうに話を聞いてくれた。「みんなのがんばりがこれだよ」と，最後にすべての本を積み重ねると「がん

ばったねー，みんな！」という声と拍手が起こった。虫の大好きな直人は，担任が持っていた「へんないきもの」（早川いくを）という字の細かい本が気に入り，虫の絵をスケッチして友達に見せるようになった。

「百人一首」の対戦は，低学年，しかも1年生でできるかなという不安があったが，杞憂だった。「あしびきの〜」という初めの句を聞いて，「やまどりのおの〜」とぱっと続きを言える児童が，クラスの7割を超えた。教えた80首を3割の児童は完全に覚えてしまった。楽しいカードゲームにとどまらず，楽しみながらちょっと賢くなれた気がするのも，児童には魅力的だったようだ。対戦のなかで，あいさつや取り組み方のルールも身につけていった。

毎月，全校で行っている「音楽朝会」で，1月は1年生の発表となっていた。発表曲「帰りの会のサンバ」の「感謝して1日を終わろうよ」という歌詞から，「感謝」するとはどういうことかを児童たちと考えた。児童は，友達や家族，先生に支えられて「1日が楽しく終われる」ことに気づいた。

「音楽朝会」が始まる前に，学級で歌詞について考えたことを発表する時間をとったところ，康平は「友達への感謝の言葉」を発表した。「ふだん遊んでくれる友達や，自分のことを思って注意してくれる友達がいるからいまの自分がいる」ということを堂々と発表し，みんなから大きな拍手をもらった。

●思い通りいかず苦戦したこと

3学期になってからも，いくつか学級の問題が浮上してきた。

・名前を呼び捨てで言う人がいること。
・チャイムが鳴っても，まだ休み時間気分の人がいること。
・登校してからやるべきことが遅い人がいること。

このようなことが，学級会で話題になった。児童たちは，次のような意見を出し合った。実行に移せるかどうか，優しく見守っていくことにした。

・きちんと「○○さん，○○くん」と呼ぼう。
・5分前になったら「もうすぐ授業が始まるよ」と声をかけよう。
・早くできた人が手伝おう。

1年間を振り返って

初めて1年生を担任して感じたことは，「児童たちは，想像以上に力をもっている」ということである。児童たちは，自分を見てほしいと思っており，それが認められ，発揮する場があれば，さらにがんばろうとする力をもっている。それが，教師だけでなく，仲間同士で認め，認められる関係ができれば，仲間とのつながりが深まり，共感することもできるのである。

低学年の児童は，しっかりと見通しがあり，活動が楽しければ，どの児童も自分もがんばろうとし，やってみたい，できるようになりたいと思うのである。教師は，その手だてをしっかりと講じ，がんばりを認め，ほめることが大切だと感じた。

事 例 解 説 5

中集団成立過程で葛藤があった学級集団【1年生】
佐藤節子

●なめらかな小学校生活のスタートを切るために
　小学校入学時に，児童の10～20％がじっとしていられない，学校生活のリズムにのれない，他と積極的にかかわれないというのが昨今の実態です。そこで，特別支援教育の視点をもって授業や学級経営を行うことがとても重要です。ルールを説明するときには，短文で視覚に訴えて，具体的な行動で示したり，教師が児童たちのかかわりの中心になってソーシャルスキルのモデルになったりすることが求められます。

●中集団成立過程での葛藤と，その考えられる理由
　本学級では，小学校生活のスタートにあたって，どの児童にもルールが理解できるようにするための工夫がされています。「学校はハッピーになるために来るんだよ」という合い言葉をつくり，4つの目標を毎日繰り返し声に出して唱え，みんなで振り返りをしています。また，どんなときに先生が叱るかというルールもはっきり伝えています。低学年の児童にとって，みんなで繰り返し振り返りをすることは，ルールの定着とともに，気持ちを安定させることにもつながりました。
　しかし，個人差の大きな学級で，担任が落ち着かない児童の対応に追われた結果，一部の児童たちにはリレーションがつくられたものの，不満が蓄積した児童たちが自分勝手な言動をとることが多くなり，康平（A）とのトラブルにつながりました。

●中集団成立過程での葛藤に対して，この対応がよかった
　児童はだれでも所属の欲求をもっており，認められたいと願っています。まずは担任の先生に認めてもらうこと，そして一緒に過ごす仲間に認めてもらえることで，安心して学校生活が送れるようになります。特に1年生の児童たちは先生が大好きです。いまここにいることをしっかり受け止め，励ましてくれる先生の言うことは，自然とよく聞くようにできているのが人間の脳です。認めてほしいという思いを十分に満たしてやることが，児童とのリレーションづくりにおいて大切です。
　さらに本事例には，友達を理解したりいいところをみつけあったりする活動が満ちあふれています。5月に行った「これはだれでしょう」クイズ，児童たちの「ちょっとイイ話」が載った学級通信，集団での取組みの成果が見える「ハッピーシール」，友達や学級に目を向けさせる「ドラえもんノート」など，何か一つではなく，さまざまな活動を組み合わせ，根気強く続けてきたことが功を奏していると思います。

●この事例から得られる，学級集団づくりの鉄則
　ルールをよりよいものにしていこうとする自主性が児童の中から生まれてくるためには，ルールをわかりやすく伝え，達成できたらみんなで喜ぶという体験を根気よく繰り返すことが必要です。そのためにも，明確で，守るとみんながよい気持ちになるルールを設定することが大切になります。リレーションづくりにおいては，自分が認められること，さらに自分がだれかの役に立っているという思いをもつことで，承認感が高まっていきます。「児童たちは，想像以上に力をもっている」と担任が述べているように，児童の建設的な言動にしっかり目を向けていくことが大切です。

理論編

事例編

小集団成立過程

中集団成立過程

自治的集団成立過程

中集団成立過程の葛藤　　集団づくりの経過　-3　-2　-1　1　2　3　4

ルールの定着に時間がかかった学級
ルールを守れない児童を悪者にしない取組みの事例

🗝 キーワード
1年生，特別支援，保護者が外国籍の児童

一　学級経営の背景
男子の割合が少なく，特別支援の必要な児童が多くいる学級

学級担任の紹介，教育観

●**教師になった理由，年齢，教師歴**
　30代半ばの女性教師。低学年の担任の経験が多い。高校生のときから教師になりたいと思っていて，大学を卒業してすぐの年に首都圏の学校で教職に就いた。

●**学級経営に対する考え方**
　「いまの児童にとって居心地のよいのはどんなクラスか」を常に考え，大事にしている。転入などでメンバーが一人でも変わるとそれは変わるし，同じメンバーでも1年間の成長によって変わるので，常に「一人一人の現在の居心地」を把握し，学級経営に修正を加えるように心がけている。

●**指導タイプ**
　教師になったばかりの1年めは「お姉さん先生」で，児童個人とのつながりは密であったが集団づくりはうまくいかなかった。その反省をもとに，教師2年めからは，意識的に叱る場面やタイミングを考慮するようになり，現在は「ふだんは優しいが叱ると怖い」というタイプで定着している。また，他人の話をよく聞くことを心がけており，児童や保護者のちょっとしたひとことに親身に対応することで功を奏したこと

が何度もある。

地域・学校・学年・児童生徒の状況

●学校と地域の状況
　下町風情がところどころに残る地域で，学校のすぐそばには古くからの小さな商店街がいくつかあり，町内会の祭りでは地域が一体となった賑わいを見せる。周辺にはマンションやアパート，社宅などの集合住宅が比較的多く建ち並ぶ，交通の利便性がよい都心部で，中学校の受験率はクラスの3分の1ぐらいである。PTAは協力的な保護者とそうでない保護者に二極化されており，役員は活動がしにくそうである。

●学年・児童生徒の状況
　学年2学級の中規模の学校。一時期は大変荒れており，地域の連合体育大会などで複数の学校から児童が集まるときは，その態度が目をひいたそうである。
　事例の学級は1年生で，児童数32人（男子10人，女子22人）。担当学年の教師は，4年めの女性教諭と8年めの自分である。幼稚園が併設されており，4分の1ぐらいの児童はそこから入学してくる。

当該学級の状況

●当初の目立った問題点
・男女の人数の割合がアンバランスで，32人中男子が10人しかおらず，相性の悪い児童もおり，「男子」同士の友達づくりが困難だった。
・併設の幼稚園から入学した結衣（A）は非常に気が強く口が達者で，暴言を繰り返していた。母親は外国人で，子どもの実態を共有しにくい状況が幼稚園のころからあった。
・優斗（B）は入学式の次の日から教室に入らず，校庭を駆け回っていた。
・亮太（C）は知的な発達に関して特別支援学校などに行くことを勧められたが，保護者の考えもあり，本クラスに在籍している。いすに座ることができずに，床に座ったり寝転がったりしている。
・智也（D）と駿（E）は，幼稚園のころから折り合いがよくないと言われていたにもかかわらず，同じクラスになり，初日からけんかになった。

●学級経営をするにあたっての指針
　個別的なかかわりを多く必要とする児童が多く，児童に会う前から，校長に「大変なことが予想されるクラスです」と言われていた。個別対応が必要な児童は，無理に集団づくりに入れないで，集団をある程度つくれてから徐々に彼らを入れていく。「個別対応が必要な児童・状況への対応」と「集団づくり」は分けて考えていく。

1学期　教師からのアクション
ほめられたり叱られたりする規準をシンプルに示す

目標

1学期のゴールを「一人一人がルールを守って，授業や集団活動に一斉に取り組める」状態とする。ただし特別な支援が必要な複数の児童は，ほかの児童と同じように行動できないことも考えられるので，その場合は無理に強いることをしない。

計画と実施

ルール　基本的なルールを一人一人に定着させる

①1年生ということでクラス目標は担任が決める。「こういうクラスにすると学校がとても楽しくなるよ」という文脈で，「話を聞くこと」「仲よくすること」を目標にする。
②教師が叱るときとして，「危ないことをしたとき」「相手がいやがることをしたとき」「約束を守らなかったとき」の三つを，折りにふれて話す。「約束を守らなかったとき」の"約束"には学級の目標も含め，集団行動をする前に「これが約束です」「これは危ないよ」などと具体的に，叱るときのキーワードを言うようにする。
③休み時間などにトラブルがあったときは，泣いている児童の言い分だけでなく，当事者全員を呼んで話を聞く。そのときに相手から出た「これがいやだった」という言葉をとらえて，叱るときのルールと関連づけながら「相手がいやがることをしたあなたの〜の行動はいけなかった」と互いの反省を促す。
④ルールが早く定着している児童をたくさんほめる。
⑤どの児童も「叱られて当然」「ほめられて納得」と思えるように，なぜ叱られたのか，なぜほめられたのかの状況説明を簡単に加える。

リレーション　教師と児童の関係性を構築する。同時に保護者との信頼関係も意識的に構築する

①朝の出欠確認では，児童の顔をしっかり見てうなずいたり，一声かけたりする。ほかの児童も担任の声かけを見ていることを意識する。
②連絡帳に児童のよかったことをひとこと書いて，毎日2〜3人ずつ渡すようにする。
③児童に話したルールづくりなどのことを，学級通信にも載せる。意識して保護者には担任の学級づくりの考えを伝えるようにする。
④給食では順番に班に入っておしゃべりをする。印象的な話はメモし，個人面談などで「こんな話を聞きました。素敵なご家族ですね」などと保護者にも伝える。

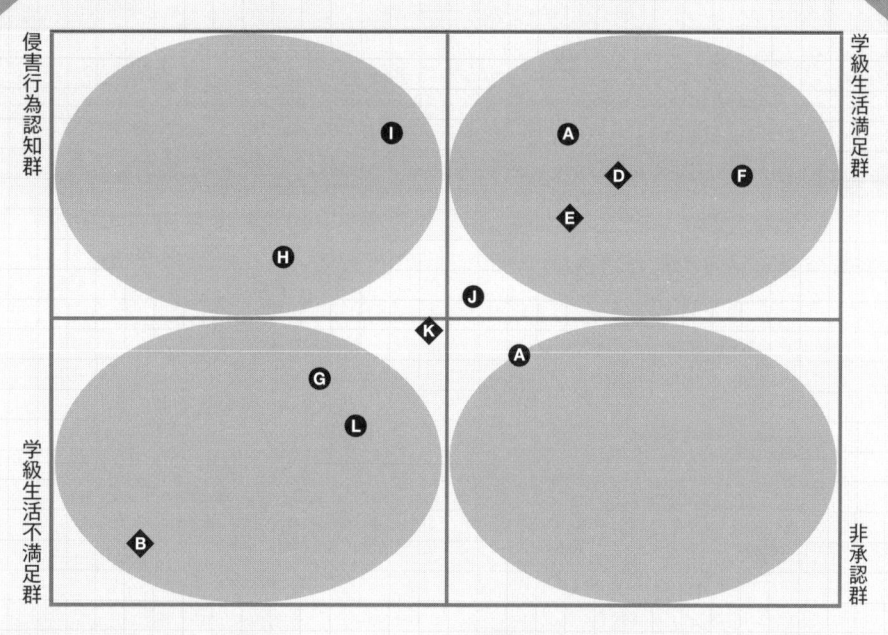

第3章 学級集団づくりの事例　事例6

（図：Q-Uプロット図。縦軸上「侵害行為認知群」左／「学級生活満足群」右、下「学級生活不満足群」左／「非承認群」右の4群にA～Lの児童がプロットされている）

- 侵害行為認知群：I, H
- 学級生活満足群：A, D, E, F
- 境界付近：J, K
- 学級生活不満足群：G, L, B
- 非承認群：A

■学級の公的なリーダーの児童
【男子】D（智也）：小学校に併設されている幼稚園からきた。運動が得意で自分のやりたいことを押しきる。
【女子】F（明日香）：何でもそつなくこなし、「みんな仲よくしよう」と声をかけるタイプ。

■学級で影響力の大きい、陰で仕切るような児童
【男子】E（駿）：ルールを守らなくても平気なタイプ。
【女子】G, H：表向きは目立たないが、陰では意地悪をすることがある。

■態度や行動が気になる児童
【男子】B（優斗）：突然カッとなる。悲観的に物事をとらえがち。しんぼうができない。
【女子】I：よく泣く。泣くと止まらない。
J：放課後にこっそり人の机を探る。

■プロットの位置が教師の日常観察からは疑問に感じられる児童
【男子】K：何でも器用にこなすのに、満足していない。
【女子】L：なかよしの友達がいて、「学校は楽しい」と親に言っているが不満足群にいる。

■学級内の小グループを形成する児童
【男子】該当なし
【女子】L, H：保育園から一緒で、ほかの友達を受け入れない雰囲気。

■4群にプロットされた児童に共通する特徴
【満足群】特に一定のなかよしがいるわけではなく、だれとでも遊んでいる。
【非承認群】保護者が熱心だったり、おとなしめだったりする。
【侵害行為認知群】自由、勝手をすることが好きと感じている。
【不満足群】相手のことより自分のことを優先しがちの傾向がある。

■学級の様子と問題と感じていること
　B（優斗）とC（亮太）には、特別な支援を要することが明らかである。しかし、1年生ということもあり、二人に対して「なぜあの子たちはやらなくてよいのに、自分たちはちゃんとしないといけないのか」という疑問をもつ児童が複数いた。それも要因となり、集団づくりが思うように進まない。

※C（亮太）は回答がむずかしいため、Q-Uを受けていない。

1学期の学級集団の状態［5月］

1学期　学級集団の反応
時間をかけて基本的なルールがおおむね成立

結果

●**学級集団のルールの確立ぐあい**

　特別な支援を要する児童をはじめ，ほかの児童と同じように行動できない児童がいて，ルールの確立には時間がかかった。6月くらいまでは全体のルールが確立しているとはいえない状態だったが，1学期の終わりになると，亮太（C）や優斗（B）がかかわらない場面では，学校生活を送るうえでのルールがほぼ浸透してきた。

　亮太は話すことができず，言葉の理解もむずかしいため，集団行動はできず，教室ではいすに座らずに床に寝そべっていた。来られるときは母親が付き添っているが，担任一人のときは彼の気の向くままにさせているため，「何で亮太は寝ていても怒られないの？」と聞く児童がいた。

　優斗は，突然怒り出したり，校庭に出ていったりすることがあった。並んだり授業に参加したりすることがむずかしく，そういうときは落ち着くまで一人でいさせた。そうすると「なんで優斗は勉強しなくていいの？」と聞く児童がいた。

●**学級集団のリレーションの確立ぐあい**

　児童同士のリレーションは弱かったといえる。男子は人数が少ないこともあり，特にグループというものはなく，いつもだれかがけんかをしている状態だった。女子は気が強い児童が多く，女子同士のけんかもよくあった。担任と児童の関係の構築に努めた結果，担任の話はよく聞いてくれるため，けんかがあると児童同士で収めることはほとんどなく，担任が収めていた。

1学期を振り返って

●**おおよそ計画通りに進んだこと**

　「叱る」と「ほめる」をシンプルにわかりやすく繰り返し，ルールが定着していない児童に着目するよりも，定着している児童の人数を増やすことを意識していった。定着していない児童が浮いてしまう状況をつくることで，ほかの児童に促されたり，本人が気づいたりするようになった。

　叱るときもほめるときも共通のキーワードを使用し，「約束が守れなかったからいけないよ」「約束が守れてえらかったね」と言うことで，担任が一貫した考えであることを児童がしだいに理解していった。また，ほめるときも叱るときもみんなの前で行い，簡単に状況の説明も行うことで，本人だけでなく，周囲にも「なぜほめられているのか，叱られているのか」が理解されるようになった。

　また，特定の児童の名前をあげてほめるときには，「○○ちゃんは約束を守ってえら

いよね。でもほかにもえらい子がいるんじゃないかな」と確認して手をあげさせ，担任が気づいていない児童も一緒にほめたり認めたりした。

●思い通りいかず苦戦したこと

　授業中も床にねそべっている亮太は，ほかの児童からは「好き勝手」をしているように見えた。「亮太は自分たちとはちょっと違う」とわかり始めた児童は何も言わなかったが，「ぼくは勉強しないと怒られるのに，亮太は何もしないのに怒られないのはずるい」と言う児童がいた。それに対して担任は，「亮太は，自分なりにがんばっているんだけど，なかなかみんなと同じようにできないことがあるんだよ。でも，みんなと一緒にいたいと毎日学校に来ているんだから，応援してあげて」と言いつづけた。校内に併設されている特別支援学級に，亮太と似たような行動をする児童がいることがわかると，「何でこのクラスにいるの？」と言う児童もいたので，亮太の気持ちを代弁するように努めた。

　優斗は多動傾向のほか，気に入らないとほかの児童に暴言を吐いたり，暴力をふるったりすることもあった。また，一人でパニックになることもあった。落ち着かせるために，ほかの児童とかかわらないようにさせたり，一人で教室を出てもしばらく様子を見たりしていたが，それがほかの児童には特別扱いと映ったようだ。ほかの児童と一緒の場面では「それはだめでしょう」という言い方はしないで，「いまはこの約束を守っていなかったよ」と行動に焦点を当てて注意をした。しかし，優斗は注意されて「ちきしょう！」などと言って教室を出ることが多々あった。そんなときは残った児童に「みんなはちゃんと約束を守ってえらいよ」とほめ，バランスをとるようにしたが，優斗の状況を児童が理解できるようになるまでには時間が必要だった。

2 学期への課題

　2学期は児童のリレーションを高めるために，行事を活用していくことにした。また，日常の授業にもグループ活動を多く取り入れることにした。

　亮太も優斗も，担任だけでは十分に対応できず限界を感じた。そこで2学期からは，亮太には毎日介助員がつくことになった。優斗については，保護者と綿密に話し合いをした。まだ発達障害という概念があまり知られていないころだったが，母親は自分で調べて，わが子の学校でのふるまいがADHDに該当するのではないかと感じていることを話してくれた。無理に集団に入れようとしないで，パニックになったときは一人にするなどの担任の対応を見て，「この先生は（発達障害について）わかっているかもしれない」と，思い切って相談してくれたということであった。

　優斗は夏休みに病院に行き，検査の結果，広汎性発達障害と診断され，薬を飲むことになった。薬の効きめがきれてしまう給食前に，学習を重点的にすることとし，ルールの理解や人間関係の構築も薬が効いているときに学ばせ，薬がきれてイライラしてきたら無理強いをしないことにした。

2学期　教師からのアクション

役割交流を中心に，児童のかかわりを増やしていく

目標

2学期のゴールを「児童同士のリレーションを高め，小集団での活動が確実にできるようにする」こととする。

計画と実施

ルール　児童同士が声をかけ合いながらルールにそって行動できるようにする

①給食当番の中で，だれが何を配膳するかを，毎日グループで話し合って決めるようにする。当番以外の児童もルールにそって配膳をしているかを確認し，児童同士が声をかける場面を増やす。

②運動会の練習では，学級全体の動きを児童が互いに見合う機会を多く設ける。集団の動きの美しさを客観的に見せることで，一人でもふざけると動きが乱れることを理解させ，ルールにそった動きを児童同士でできるようにする。

③運動会や学芸会の練習のなかで，児童同士でできることとできないことを明確にする。「亮太（C）と優斗（B）が集団行動を取れないときには教師に任せる」「自分たちで注意し合ってできるところはがんばる」という約束をする。約束を守りながら自分たちでできた部分は，教師が必ずほめる。

リレーション　児童同士の関係性の広がりをめざす

①国語のグループ学習を増やす。個人で思考するスペースのほかに，話し合ったり相談したりして記入するスペースをワークシートに設けて取り組む。生活科では，グループで互いの観察カードの「よいところみつけ」をする。掲示するだけでは児童がカードを見ないので，グループで見せ合ってよいところを話し合う場面を設け，学習意欲を高める。

②週に一度，クラスで遊ぶ時間を設ける。担任が率先して外で遊び，必ず大人数でできる遊びをして児童を誘い入れる。大なわ跳びや鬼ごっこ，ドッジボールなどをすると，「いつも遊んでない人と遊べたよ」という言葉が聞かれた。

③日記の発表と質問コーナーを設けた。児童が書いた日記を自分で発表し，それについて聞いていた児童が質問すると，日記の内容が深まると同時に，それについてあとで児童が話しかける場面もよくみられた。

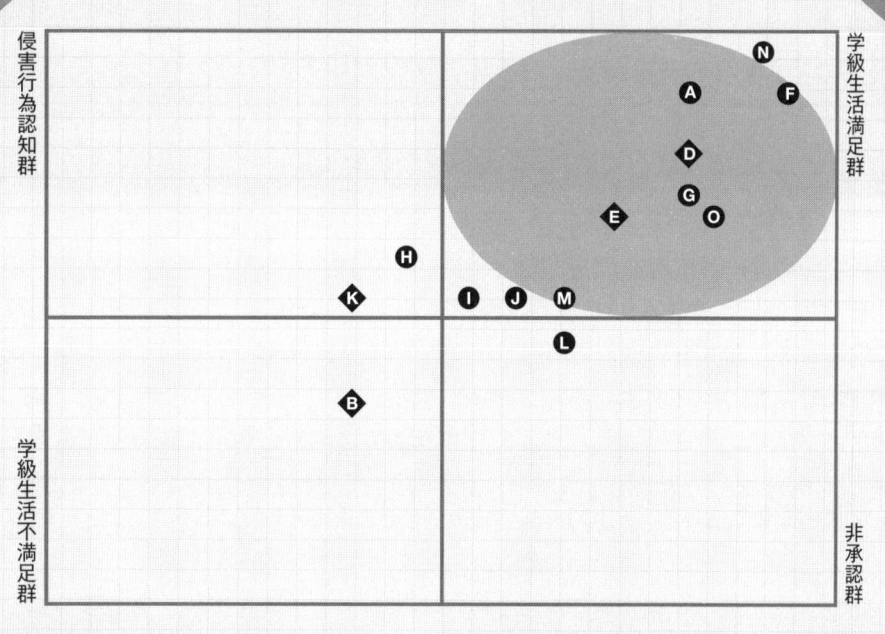

■学級の公的なリーダーの児童
【男子】D（智也）：周囲に優しくできるようになってきた。
【女子】F（明日香），M，N：学習も友達関係もうまくこなしている。
■学級で影響力の大きい，陰で仕切るような児童
【男子】E（駿）：自分の言うことを聞いてもらえないと暴言を吐く。
【女子】G：一生懸命に取り組むことが苦手で，「やめようよ」と足を引っ張る。
■態度や行動が気になる児童
【男子】B（優斗）：薬の効果がきれると暴言が増え態度が荒れる。
【女子】I：よく泣く。
J：嘘をつくことが目立つ。
■プロットの位置が教師の日常観察からは疑問に感じられる児童
【男子】該当なし
【女子】該当なし
■学級内の小グループを形成する児童
【男子】該当なし
【女子】L, H, O, N, A：LとHは二人でずっと一緒だが，それ以外のメンバーは出たり入ったりしている。

■4群にプロットされた児童に共通する特徴
【満足群】特定の小グループをつくってはいないし，一人一人が自己主張をするため特別なかよしな感じもしないが，そのときのグループでそれなりに楽しんで活動する。
【非承認群】保護者が熱心だったり，おとなしめだったりする。
【侵害行為認知群】自分の世界をもっている。
【不満足群】自己主張が強い。
■学級の様子と問題と感じていること
　運動会や学芸会の大きな行事を通して満足感を得られたのか，日記や保護者の話から「学校が楽しい」と話す児童が格段に増えた。学年が小さくても「勝ち負けではない行事の意義」を伝えると，児童なりにわかる部分もあるのだなと思った。問題は，日常の学校生活での小さなけんかが気になることである。本人たちは学校が楽しいと言ってはいることに甘んじないことが大切である。これらのけんかが原因でいつ楽しくなくなるかわからないので，危機感をもって対応をする必要がある。

2学期半ばの学級集団の状態［11月］

2学期　学級集団の反応
相互理解が深まり，けんかの仲裁ができるように

結果

●学級集団のルールの確立ぐあい

　学級全体として，守るべきルールが守れるようになった。給食当番の分担決めでも，けんかをしたりだれかが我慢ばかりしていると配膳ができないので，早く給食を食べるために協力しあう姿がみられた。

　運動会では赤組と白組に分かれるため，ほかのクラスの先生に指導してもらうことが増えたが，ルールを守ると結果的に自分たちが気持ちよく参加できることを学び，規律のある行動ができる児童が8割ほどだった。どうしてもおしゃべりをし，ふざけてしまう児童がいたが，ほかの児童がそれを注意するようになった。

　優斗は薬の効果がきれると，とたんに態度が変わり，暴言をはいたり暴力をふるったりすることがあった。がんばっているときの姿を積極的にアピールしておき，「がんばりすぎて疲れると，友達に『ばか』と言いたくなっちゃうんだね」というようにほかの児童には伝えた。また，ちゃんとしている児童を教師がほめることで，ほかの児童は，優斗の行動に流されることはなかった。

●学級集団のリレーションの確立ぐあい

　亮太に毎日介助員がついたことで，授業中に床に寝そべったり，ときどき「あー，うー」と声を発したりしていても，気を取られることが少なくなった。亮太が介助員と一生懸命取り組む姿があると，「先生，亮太ががんばっているよ」と周りの児童が言うようになった。また，介助員に亮太のことを説明したり，介助員と一緒に亮太を助けたりするようになった。

　優斗は薬が効いているときはみんなと行動を共にしようとするので，それをみんなが認めるようになった。何事も強い口調で話す結衣（A）も，優しい話し方ができるようになった。全体にけんかが多く，いつも最後は教師が収めていたのだが，ほかの児童が仲裁に入ったり，当事者同士が我慢し合ったりして，自分たちでけんかを収められるようになってきた。

2学期を振り返って

●おおよそ計画通りに進んだこと

　係や当番活動など，小集団での活動が着実にできるようになった。運動会や学芸会では，各自が自分の役割を果たし，保護者からもすごい成長だと評価された。また，少しずつ児童同士が声をかけ合うようになってきた。けんかの回数が以前より減り，教師がいなくても自分たちでけんかを収める姿がみられるようになってきた。

特別な支援を要する二人の児童への理解が深まり，二人がみんなと違う行動をしていても「ずるい」とは言わなくなった。二人への接し方がわかり，学級の仲間として受け入れていくようになった。

●思い通りいかず苦戦したこと

　優斗は，給食の前ごろに薬の効果がきれると，いらいらして学習ができる状態ではなくなった。その時間にはグループ学習を入れないようにしたり，教師が優斗にかかりきりになっても，児童だけで学習できる体制をつくったりした。優斗の状態に合わせてできる限り時間割を調整したり学習内容を考えたりしたが，うまく調整ができないこともあった。児童たちはとても協力的で，担任が優斗の対応に追われていると読書などの自習体制を取れるようになっていたが，全員がきちんとできていたわけではなかった。

　学級の男子の人数が少ないために人間関係が広がらず，相性の悪い児童同士が小さないざこざを起こすことが絶えなかった。智也（D）と駿（E）は，保護者も心配するほど互いを「いやだ」と言っていた時期もあった。また，明日香（F）は，放課後に教室で他人の机の中を見ても「見ていない」と言ったり，数人とグループになって学童クラブなどでいたずらをしたりしてトラブルを起こした。

　亮太と優斗以外に学力が著しく低い児童が数人おり，学習内容の理解がむずかしくなってきた。

3 学期への課題

　支援が必要な児童がクラスで理解を得られてきたので，二人を含めて，児童が中集団で動けるようにしていく。男子はいざこざが絶えないが，女子は担任の意図を理解してくれる傾向があるので，女子を中心にした中集団で動けるようにリーダーを決めて，班活動や行事を行っていく。また，児童の成長に伴い，優斗と亮太へのかかわりも，できるところは児童に任せていく。

　ルールの確立はほぼできてきたので，リレーションの確立を中心に考えていく。学習が苦手な児童に対して，得意な児童が「ミニ先生」となって教えたり，自分の得意なことを披露する時間を設けたり，友達のいいところをカルタにして遊んだりしていく。明日香が嘘をついたりいたずらをしたりするのは，決まった小集団のメンバーでいるときに起こるので，学級ではさまざまな中集団をつくってかかわりを広げていく。

　保護者が気になることを気軽に相談してくれるようになっていたので，男子の小さないざこざや女子の嘘やいたずらなどは，保護者と連携を取りながら事情の理解を深め，当人たちへ働きかけて解決に導いていく。

> **3学期　教師からのアクション**

成長に目を向けさせ，児童を活動の前面に出していく

目標

　3学期のゴールは「小集団でできたことを中集団でも確実にできる」こととする。2学期のルールの確立は80%くらいで，学級全体での活動も成立するようになったが，むらがあり，いつでもできる状態ではなかった。

計画と実施

ルール　ルールにそって行動できる児童たちが，さらに主体的に行動することで，学級全体によい影響を及ぼしていく

①運動会や学芸会の感想を掲示し，児童がそれを見て成果を感じられるようにする。「みんなで早く並ぶように声をかけて並んだら気持ちよかった」「友達に前を向くように言ったらちゃんとしてくれてうれしかった」などの感想に対して，「自分で考えてよいことを教えてくれる友達が増えているから，このクラスはどんどんよくなっている。ほかの先生からもほめられているよ」などと価値づけをしていく。
②幼稚園との交流や，保護者会での発表会などを活用し，「もうすぐ2年生になる立派になった自分たち」を意識的に演出する。「自分たちでできる」という気持ちを高めることで，ルールの内在化を図っていく。
③ルールを守れている児童に注目して進める。できていない児童にみんなの前で教師が注意することは控える。
④児童が前面に出て活動できる仕組みを整える。教師がお膳立てしたことでも，児童が自分たちでできていることとして，声をかけていく。

リレーション　児童同士が高まり合うような関係をめざす

①互いのよいところに目を向けさせる。生活班でよいところを発見したら，その場で「○○君，いまの姿勢すごくいい！」などとほめるようにする。帰りの会では，「友達をほめられた人」を挙手させ，「ほめ上手な皆さんはこのクラスの自慢ですよ」などと教師が言い，ほめた人をみんなで拍手をする。
②リーダーシップとフォロワーシップを意識できるような声かけをする。リーダーの児童は仲間を注意することが多くなってしまうので，みんなによい働きかけをしていた場面を取り上げて「いま○○を言ってくれた▲▲ちゃんは，クラスの素敵なリーダーだね」と教師が評価し，そのあとに必ず「リーダーに協力した人たちはもっと素敵な仲間だね」とフォロワーの評価もする。

3学期 学級集団の反応
自分たちで注意し合い認め合える集団に

結果

●学級集団のルールの確立ぐあい

基本的なルールが確立し,さらに児童同士で自然にルールにそった行動が取れるようになった。優斗(B)の対応に担任が追われても,児童同士で適切な行動が取れる場面が増えた。「もうすぐ2年生」という意識が高まり,ルールにそって自分たちで行動することが成長の証という気持ちをもつようになった。

●学級集団のリレーションの確立ぐあい

保護者と担任が同じ方向を向いて連携することで,問題解決によい影響を与えることができた。けんかが絶えなかった智也(D)と駿(E)は,互いに少し距離をおくこと,「お母さんも先生もだめって言っている」ということに気がついたことで,関係が落ち着いた。「けんかをする君を否定しているわけではない。君は一生懸命やろうとしているのにうまくいかないんだよね」という教師のスタンスを保護者が信頼してくれたことが,児童へもよい影響を及ぼしたと感じる。

嘘をつくくせのある明日香(F)も,「あなたがいい子なのは知っている。でもいくらいい子でもやってはいけないことがある。大人はそれを教えたいんだ」と伝え,「人物を否定しているのではない」点を児童にも保護者にも強調した。

3学期を振り返って

●おおよそ計画通りに進んだこと

学級全体のルールとリレーションが安定した状態になった。優斗はほかの児童との信頼関係を構築するのがむずかしかったので,まず担任との信頼関係を構築することに重点をおいてかかわった。そして,できるだけ薬を飲んで気持ちが安定しているときに作業をさせ,できたらほめることを心がけた。できていることは,他の児童にもわかるように教師がアピールした。薬の効果がきれて態度が豹変したときは,「君は悪くない。でも落ち着かないといけない」と声をかけながら,ほかの児童とは離すようにした。さらに,落ち着いているときに,「君がいい子なのはみんながわかっている」と繰り返し伝えた。このようななかで,優斗は「先生はぼくのことをきらいじゃないんだ」と言うようになった。このようなことから,優斗と信頼関係が構築できたと思っている。

●思い通りいかず苦戦したこと

担任以外が指導を行う場面では,ルールとリレーションがきちんと確立されていないと感じる。個性の強い児童が多く,担任が替わっても,現在の状況を維持できるか

どうか，危うい一面がある。学校のだれもが担任と同じ存在であることを理解させていくには時間が必要だと思われる。

1年間を振り返って

　短かった小集団と中集団成立期を経て，ばらばらの時期から一気に全体集団が成立したように感じる。

　自己主張の強いタイプの児童が多く，女子も男子も自然発生的な形でのグループが生まれにくいと感じる。担任が中心になりがちなので，担任はフォローにまわるくらい児童が前面に出る学級経営をめざせるとよいと思う。

事 例 解 説 6

中集団成立過程で葛藤があった学級集団【1年生】
粕谷貴志

●対応のむずかしい児童が複数存在する状況

発達障害が疑われる児童のほか,生育環境に起因する問題をかかえるなど,支援ニーズの大きな児童が複数いて,さらに,そのほかにも落ち着くことができない児童や教師からのていねいなはたらきかけの必要な児童が存在することがうかがわれます。

このような学級では,基本的なルールの徹底がむずかしいばかりではなく,児童が互いに注意し合うよう自律的なルールづくりが困難です。教師主導で基本的なルールが確立したあとも,児童同士のトラブルが多く発生し,良好なリレーション形成がむずかしいと考えられます。そこで,変容に時間のかかる児童への対応と学級集団のルールとリレーションづくりを上手に統合して集団を育てていくことが求められます。

●中集団成立過程での葛藤と,その考えられる理由

ルールに従うことができない児童や情緒的に不安定な児童が多くいて,集団が中集団成立過程に入っても全体のルールをくずしてしまう場面がみられます。それらの児童に,いつまでも基本的なルールの指導を繰り返さなければならないため,きちんと生活しようとしている児童が認められたり活躍したりできるようにしながら集団の雰囲気をつくっていくことが,なかなかできません。また,教師にかかわってもらいたいと思っているのに,その機会が不足した児童たちが,「あの子だけずるい」などと不満をもつようになり,ルールとリレーションが低いレベルにとどまりがちになります。

●中集団成立過程での葛藤に対して,この対応がよかった

本学級では,個別支援と学級づくりを分けて考え,変容に時間がかかる児童の個別の支援を粘り強く続けながら,その児童を含んでいけるように学級集団づくりをていねいに行っています。基本的なルールがおおむね形成された時点で,児童が自分たちで活動を決めたりルールを確認し合ったりするように育て,また同時に,ルールを守ることができない児童が周りから攻撃されないようにフォローしています。

さらに,ルールの安定にともなって,当番や授業での活動を通して徐々に役割交流の機会を増やし,リレーションのきっかけをつくりだしています。このようなリレーションの形成の取組みがうまく進んだ背景には,それぞれの児童が十分に認められて,承認感のバラツキがなくなっていることがあると推測されます。そこへ,学級集団の成長について意識させたり,児童が前面にでる活動をさせたりすることで,注意をし合い認め合う中集団に育つことにつながったと思われます。

●この事例から得られる,学級集団づくりの鉄則

対応のむずかしい児童が複数いる場合に,個別対応に目を奪われるだけでなく,きちんとがんばろうとしている児童にも目を向けて集団育成を進めていくことです。

基本的なルールがおおむね成立したら,ルールを守れない児童が悪者にならないように配慮しつつ,児童同士がかかわりながら自分たちで学級をつくっていくという自己決定的な活動を入れていきます。互いに認め合ったり,自分たちで決めたり,問題を解決したりしていく経験が,中集団成立へのステップになっていきます。

中集団成立過程の葛藤

集団づくりの経過: -3 **-2** -1 1 2 3 4

やや荒れぎみの状態からスタートした学級

孤立化，固定化した人間関係を転換させた事例

🔑 **キーワード**
２年生，学級編制替えなし，グループ活動，認め合い，班長体験

一　学級経営の背景

生活習慣や学習規律などのルールが意識されていない学級

学級担任の紹介，教育観

●教師になった理由，年齢，教師歴

30代前半の男性教師。小学校，中学校を経て，再度小学校に赴任して５年めになる。教員養成系大学で心理学を学んでいたが，教育実習で児童たちの前に立つことに意義を感じ，採用試験を受けて，教職に就いた。

●学級経営に対する考え方

初任時代から不登校傾向の児童生徒を受けもつことが多く，個々の児童を集団に位置づけることに強い関心をもつようになった。また学級集団をうまく機能させることができなかった経験から，集団の凝集力を高めていく取組みの必要性も感じるようになった。「集団の高まりが個を育て，個の高まりにより集団が育つ」という学級経営をめざしている。

●指導タイプ

生活や学習のルールを早くに定着させ，最終的には自主的に活動できる集団にしたいと考えている。そのため初めは指導性を強く出すが，途中から児童の自主性に任せていく。児童と過ごす時間を大切にして，距離の近い存在になることを心がけている。

授業の中にも，隣や周りの人と話し合う時間を取り入れるように工夫している。教師が一方的に話し続ける一斉授業のスタイルは苦手である。

地域・学校・学年・児童生徒の状況

●学校と地域の状況

　大都市近郊の中核都市にある学校で，交通の便もよく，大手の衣料品店や家電量販店が近くにある。近郊にはマンションが建ち並び，戸建ての住宅街も密集している。駅から学校の近くまでバスが来ており，電車やバスを使って通学してくる児童もいる。地域との結びつきは弱く，都市型の学校といえる。1学年3学級の中規模校で，教員は40代と50代が多く，30代以下が少ない構成である。

●学年・児童生徒の状況

　事例の学級は2年生で，児童数36人（男子19人，女子17人）。隔年で学級編制替えがあり，担任一人だけが入れ替わった状況である。1年次に学級が徐々に落ち着かなくなり，一部の児童に担任が振り回されるようになり，3学期には立ち歩く児童が目立って，保護者会でも批判的な声が出るようになったという経緯がある。ほかの2学級の担任は40代と50代の教師で，どちらも満足型の学級経営をしており，本学級の様子だけが余計に目立つ状態になっている。

当該学級の状況

●当初の目立った問題点

・児童全体に落ち着きがなく，教師の許可なく立ち歩く児童が複数いる。
・泰成（A）は，授業に興味をもつと，黒板の前に出てきて話し始める。それを注意すると，すぐにかんしゃくを起こして床に寝転がって反抗する。忘れ物も目立ち，学習用具がそろわない日が続いている。
・晃太（B）は，家庭で夜遅くまで一人で過ごしている。毎朝遅刻ぎみで登校し，提出物を出すことができない。授業中もぼんやりしていることが多く，課題に取り組めない。休み時間も一人でいることが多くある。
・梓（C）は，感情の起伏が激しく，友達とのトラブルがよくある。気に入らないと相手をにらみつけたり，仲間はずれにしたりする。周りから怖がられる存在となっている。

●学級経営をするにあたっての指針

　生活習慣や学習規律などのルールが集団全体に意識されていないと感じた。集団で生活するために何を守らなくてはいけないのか，集団とはどうかかわればよいのかを教えていくことに取りかかろうと考えた。いっぽうで，個々に配慮が必要な児童もいる。個別対応もしながらも，集団のなかに位置づけ，集団のなかで育てていこうと考えた。

1学期　教師からのアクション
教師主導でのルールづくり，関係づくり

目標

1学期は，「学級集団の中で過ごすことが楽しいと感じられるようになり，固定化した仲間だけではなく，だれとでも小集団の活動ができるようになること」をめざして，「閉鎖的な仲間関係の解体や，孤立しがちな児童を集団に位置づける」ための計画を考える。

計画と実施

ルール　集団で過ごすために必要なルールを確かめ定着させる

①始業式で教師の願いを打ち出す。「毎日楽しく，いろいろな友達と仲よく，いつでも元気よく，どんどん宝物をつくり出せるクラス」をめざすことを宣言し，児童たちの願いも聞き入れながら，学級目標を設定する。いつでも集団のよりどころとして，目標に立ち返れるようにする。

②最初の1か月は，生活ルールを覚えるため期間とする。始業式翌日までの早いうちに，日直当番，給食当番，掃除当番，係活動など，集団生活に必要な役割について児童に説明し，分担を決める。生活班は出席番号順で仮に組織し，5月の連休明けに正式に生活班を組織する。このことは児童にも伝え，それまでは班替えの時間をとらない。

③学級のルールが守れない場合は，そのつど，学級全体で話し合いをもつ。一部で起きたことも学級全体の問題とする。問題が起きたときは，後回しにしないでその場で話し合いをする。

リレーション　教師との親和的な関係をつくること，集団で過ごすと楽しいと感じさせることをねらいながら活動を仕組む

①担任は朝いちばんから教室にいて，登校する児童にどんどん話しかける。

②朝の会では「勝ち抜きジャンケン」，帰りの会の終わりは「お帰りジャンケン」を教師と行う。

③毎日の昼休みに，学級遊びを入れる。係をつくって内容を決め，担任も必ず参加して，集団の実態把握に努める。

④児童と交換日記をする。児童の様子を知る手だてとしても，教師からの発信としても役立てる。保護者には，教師の思いや児童の様子がわかるように，学級通信を週に数回発行する。

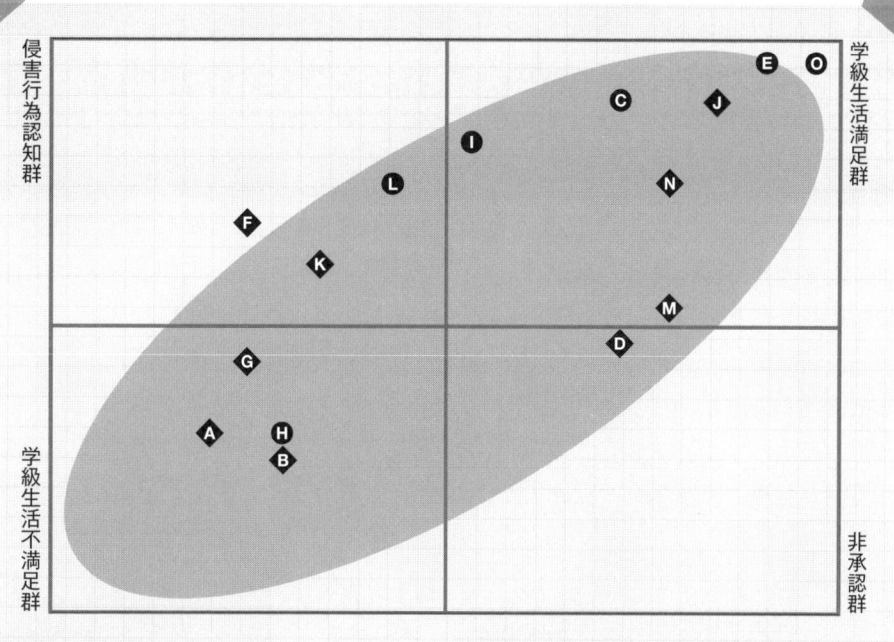

■学級の公的なリーダーの児童
【男子】D（優作）：明るく元気でスポーツが大好き。
【女子】E（理紗）：何事にもすすんで取り組むが，他者への指示が多い。

■学級で影響力の大きい，陰で仕切るような児童
【男子】J，K
【女子】C（梓）

■態度や行動が気になる児童
【男子】F（快斗）：気に入らないことがあると感情的になり，怒り出してしまう。
G（圭佑）：何事も自分中心でやりたがり，仲間とのトラブルが多い。
A（泰成）：授業中の立ち歩きや勝手な発言があり，注意されるとかんしゃくを起こす。
B（晃太）：遅刻が多く，授業中にぼんやりしたり，休み時間に一人でいたりする。
【女子】C（梓）：感情の起伏が激しく，友達から怖がられている。

■プロットの位置が教師の日常観察からは疑問に感じられる児童
【男子】F（快斗），B（晃太）
【女子】H（美香）：おとなしいが，なんでもやりこなすことができる。

■学級内の小グループを形成する児童
【男子】J，M，K：元気よく外遊びするドッジボール大好きグループ。
【女子】C（梓），H（美香）：いつも二人で過ごすことが多い。

■4群にプロットされた児童に共通する特徴
【満足群】活力があって明るさのある集団。
【非承認群】なかなか自分の思うことを伝えることができない集団。
【侵害行為認知群】元気だがもめごとが起きやすい集団。
【不満足群】ポツンとして集団の中に入れない児童が多い集団。

■学級の様子と問題と感じていること
　学級全般に落ち着きがなく，授業中によそごとをしてしまう児童がいる。仲間遊びができる集団がいるいっぽうで，仲間関係がうまく築けず，孤立しがちな児童がいる。リレーション不足を補う必要がある。

1学期半ばの学級集団の状態［6月］

1学期 学級集団の反応

固定化した仲間関係がくずれ，学級全体が明るくなる

結果

●学級集団のルールの確立ぐあい

　学級目標の頭文字をとって「まいんど」を学級のキーワードとし，学級通信の名前にもそれを使用した。常に「まいんど」を意識し，何かあったときにはそこに立ち返って確認をしていった。

　当番活動については，始業式後すぐに時間をかけて，わかりやすくていねいに具体的に説明をした。5月の連休明けまでに，生活上のルールを守って動く児童が4割近くになった。前年度もリーダー的存在であった優作（D），理紗（E）が先頭に立って集団を引っ張ろうと動いていたが，周りを注意することが先行するために，かえって反発を受けてしまう様子が目立った。

　泰成（A）の行動に対して児童は敏感で，学級中が泰成に注意する様子があった。そのたびに泰成はすねて，相手を叩こうとしたり，言い返したり，床に寝転んだりした。さらに快斗（F）や圭佑（G）が，泰成に同調する感じで離席して動き回ると，今度はそれを注意する言葉が飛び交い，教室全体が騒然となった。そこで，学級全員に対して，担任は友達に大声で注意することは止めるように言った。必要があれば教師が声をかけるので，近くの児童が小さな声をかける以外は注意しなくてもよいことにした。多くの児童たちは驚いた顔をしていたが，教室のおだやかさは出てきた。

●学級集団のリレーションの確立ぐあい

　SGEなどの活動のなかで，ペアや少人数グループをつくれない児童が多数いて，リレーションの不足を感じた。「何でもバスケット」「新聞輪くぐり」「クリスマスツリー」「人間知恵の輪」など，ゲーム性があり体を動かすことが多いものを選んで取り組んだ。晃太（B）は友達とのかかわりをうまくもてず，初めは消極的であったが，楽しい活動には徐々に参加できるようになった。

　スタートの時期であるので，児童の自主性に任せるのではなく教師主導型で関係づくりを展開した。他者ともめごとを起こしやすい快斗や圭佑も，教師が主導するなかでは感情的になることも少なく活動に取り組めた。

1学期を振り返って

●おおよそ計画通りに進んだこと

　5月の連休明けまでに，固定化した仲間関係がくずれていく様子がうかがえた。男子だけ，女子だけの固まりも少なくなった。また，友達同士で注意し合うこともやめさせたことで，ささいなけんかが減った。

立ち歩きのある泰成らの行動は，急には変わらなかったが，対応の中心が教師になったので，児童同士の対立関係が減った。仲間関係のなかにあった緊張感がなくなってきた。
〔そのほかのめぼしい効果〕
①４月は登校してくる児童たち一人一人を毎朝教室で迎えたが，５月からは運動場で児童たちを待って外遊びをした。元気なリーダー的存在の児童たちはほとんどが外に出てくるので，関係づくりができた。
②日記による児童との関係づくりは，効果的であった。ふだん口数が少なくても，継続した日記のやりとりのなかでは多くを語ることができる児童もいて，そのようなやりとりは楽しいものであった。
③学級通信を多く発行した。児童の名前をあげて日々の様子を紹介し，価値ある行動について紹介した。通信を喜んで持って帰る児童が増えた。

●思い通りいかず苦戦したこと
　集団で行動する楽しさを感じ始めて，学級全体は，明るさを増していった。しかし，６月の中旬過ぎから，一部の女子でもめごとが生じてきた。何人かで連れだって遊ぼうとすると，邪魔されてうまく遊べないというのである。
　その中心にいたのが梓（C）であった。梓は美香（H）といることを好み，美香がほかのだれかと遊ぼうとすると，怒り出したり，美香を誘った者をにらみつけたりした。気になって調べてみると，そのような梓の行動は１年生のころからあったようだった。そのつど相手は変わるのだが，気に入った女子と二人だけの関係をつくりたがる。また気に入る相手はいつも一人で，それ以外とは良好な関係が保てない様子であった。
　快斗，圭佑，泰成が起こすトラブルもなかなか減らなかった。自分の思い通りにならないと激高するので，周りは引きぎみになり，良好な関係が保てない。それぞれの実態には違いがあるが，共通しているのは，自己表現が苦手なことであった。言葉で表現できないイライラを行動で出しているのではないかと思った。

２学期への課題

　梓と男子３人のトラブルについては，保護者の理解と協力を得ることも必要であると感じた。いっぽう，学級の多くの児童が梓や３人の男子に対して思っている「にらみつけてくる人」「よく怒る人」という固定観念も転換したいと考えた。そこで，次のような対応を練った。
①保護者面談を行い，学校も家庭も児童についての理解を深める。
②多くの友達と過ごすための「ルール」を身につけさせる。
③友達の良さに目を向けるような仕組みをつくる。
　「リレーション」を高める活動も継続しながら，いっぽうで言葉づかいなどの仲間と楽しく過ごすための「ルール」の重要さにも気づかせる工夫がいると思った。

2学期　教師からのアクション

班活動でルールの定着，人間関係の広がりをめざす

目標

　2学期は，1学期に築いてきた友達とのつながりをより広げ，あまり話をしていない友達とも集団で行動できることをめざす。特に「相手にいやな思いをさせない言動」にターゲットをおき，他人のいやがることをしたり，言ったりすることを減らすように心がける。

計画と実施

ルール　集団で活動する場を増やし，友達にいやな思いをさせないためにどう行動するのかを考え，実行するようにする

①いろいろなメンバーと活動することがまだむずかしいので，掃除や給食配膳をはじめ，日直や係活動など，常に同じグループ（班）で活動させる。班長は立候補制とし，快斗（F），圭佑（G），泰成（A），梓（C）はそれぞれ別のグループにする。
②班活動の終わりに振り返りの時間をもち，「友達のよかったところ」をみつめ合う。このとき，「自分がいやな思いをしたこと」も振り返る。公共性があると判断した場合は全体に取り上げ，ロールプレイにより再現して話し合いをもつ。
　・役割交換法で，「やった側」と「やられた側」の両方の立場をみつめる。自分にはそのつもりがなくても，相手がいやな思いをしたことに気づけるようにする。
　・事実の確認だけではなく，その後どのように解決するとよいのかも話し合う。
　・振り返りシートや日記などを通して，話し合いのあとに各自がどのような感想をもったのかを把握する。

リレーション　定期的な認め合いの場を設定して，児童同士で認め合うことの楽しさ，うれしさを実感できるようにする

①帰りの会で，友達の「良さみつけ」を行う。良さをみつけた数だけビー玉をガラスびんに入れていき，ビー玉が一杯にたまったら学級全体でお祝いをする。
②「運動会」などの行事終了時に，SGEの「がんばり賞あげよう」を行う。一緒に練習した人にはメッセージを送るなど，対象を拡大するように配慮する。
③SGEの「私だけの秘密」を行い，学級の中でなかなか注目される機会が少ない児童に焦点をあてる。

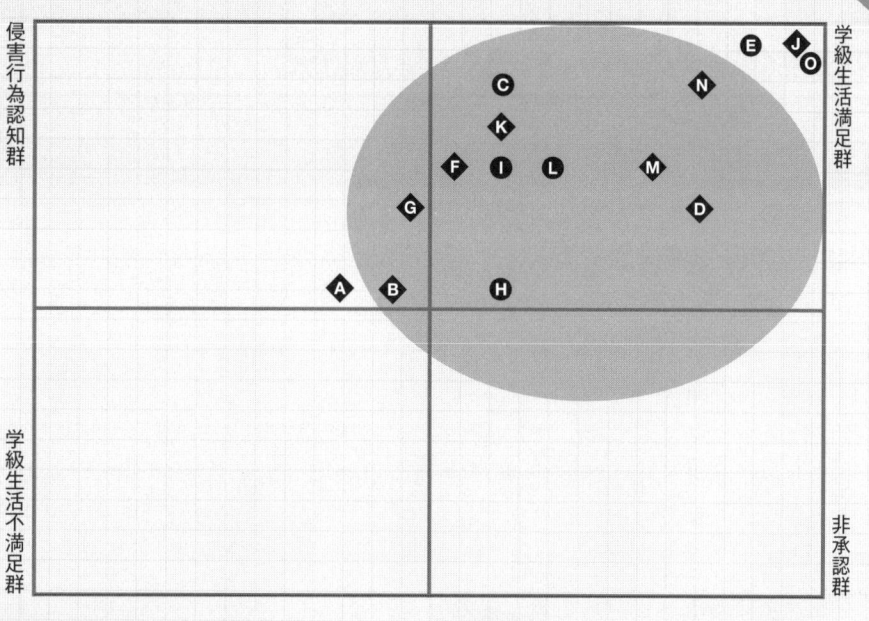

第3章 学級集団づくりの事例 事例7

(軸ラベル: 侵害行為認知群 / 学級生活満足群 / 学級生活不満足群 / 非承認群)

■学級の公的なリーダーの児童
【男子】D（優作），K
【女子】E（理紗）
■学級で影響力の大きい，陰で仕切るような児童
【男子】J，K
【女子】C（梓）
■態度や行動が気になる児童
【男子】F（快斗）：気に入らないことがあると感情的になり，怒り出してしまう。
G（圭佑）：何事も自分中心でやりたがり，仲間とのトラブルが多い。
A（泰成）：授業中の立ち歩きや勝手な発言があり，注意されるとかんしゃくを起こす。
B（晃太）：家庭で遅くまで一人で過ごしていることが多い。
【女子】C（梓）：感情の起伏が激しくて，友達から怖がられている。
L：リーダーのようにみんなを仕切ろうとするが，口調が厳しくてもめてしまう。
■プロットの位置が教師の日常観察からは疑問に感じられる児童
【男子】F（快斗），B（晃太）
【女子】H（美香）

■学級内の小グループを形成する児童
【男子】J，M，K：元気よく外遊びするドッジボール大好きグループ。
【女子】C（梓），I（彩那），H（美香）：少人数で過ごすことが多い。
■4群にプロットされた児童に共通する特徴
【満足群】明るく活力があり，自主的に活動できる集団。
【非承認群】なかなか自分の思うことを伝えることができない集団。
【侵害行為認知群】もめごとが多く，自己主張が強い集団。
【不満足群】集団の中に入れない児童や疎外感のある児童の集団。
■学級の様子と問題と感じていること
　学級の落ち着きは出てきたが，授業中に立ち歩く児童はいる。孤立しがちな児童は減ってきたが，ささいなことでけんかが起きることがある。固定化した仲間関係でいる小集団がいる。

2学期初めの学級集団の状態 [10月]

2学期　学級集団の反応
学級全体にリレーションが広がる

結果

● 学級集団のルールの確立ぐあい

　2学期は，大きな行事である運動会への取組みに向けて，班の編成替えをした。係活動，日直，掃除などの分担もこの班を単位で割り振り，同じグループのメンバーで一緒に活動する場面を増やした。

　班での作業中には，もめごとや口論も起きたが，その場面を取り上げてロールプレイをしたり話し合ったりすることを繰り返すなかで，もめることが少なくなってきた。快斗，圭佑，泰成などは特に話題に出やすい立場だったので，次のことに留意した。

・場面確認では，当事者の話をよく聞き取る（いっぽうが話している途中では，絶対にもういっぽうは話に割り込ませない）。
・状況確認が終わったら，そのときの気持ちではなく，現在の気持ちを聞く（反省の色を出しやすく，意固地にならせない）。
・基本的には，どちらかだけが悪いという見方をしない（ときには，当事者以外の言動に目を向けて注意をしたこともあった）。

● 学級集団のリレーションの確立ぐあい

　休み時間の姿，授業の交流学習の様子などを見ても，固定化した仲間関係がなくなり，学級全体のリレーションが広がっていることを感じた。生活科の授業で行った野菜収穫パーティーや学習発表会に向けての話し合い，計画的に取り入れたSGEも成果があった。

　帰りの会で行った友達の「良さみつけ」は，児童たちの関係づくりにとても有効であった。みんなでお祝いをしたいという思いに支えられ，友達の良さをみつけることがどんどん広がった。孤立しがちな児童も良さをみつけてもらい，覇気がなくおとなしかった児童にも元気が出てきた。晃太（B）も孤立した様子が減り，友達と過ごす姿をよく見かけた。帰りの会の良さみつけで，晃太の名前が出ることも多くなった。

2学期を振り返って

● おおよそ計画通りに進んだこと

　夏休み中に行った保護者面談で児童理解が進み，状況の違いはあるが，気になる児童は，みんな家庭的な見守りも必要とする児童ばかりだということがわかった。学校での様子を保護者に伝え，成果と課題を確認し，定期的な懇談の約束もした。低学年では家庭との密な連携が重要だということを改めて思った。

2学期初めに行った班の編成替えでは，初めに班長を決めてから，それを中心に班のメンバーを決定した。特に低学年のころにはだれでもリーダーになるチャンスを与えたいと考え，立候補制で班長を募り，決めるのはジャンケンにした（1学期に班長だった者は立候補できないことにした）。たくさんの候補者の中から班長に決まった児童たちは，モチベーションがかなり上がっていた。

　こうして選ばれた班長の中に，快斗，泰成，梓がいた。3人とも，班長になったことで行動の変容がみられた。梓は彩那（I）と同じ班になったことで，美香（H）を囲い込むことが弱くなった。快斗と泰成が感情的に怒ることも場面的には減ってきた。圭佑が怒っているときに，泰成がなだめる様子さえみられた。

　定期的に開催した班長会では，「班長が中心となって学級を動かす」「係活動など先頭になって行動する」など，担任の思いを伝えていった。班長を中心にしながら，より自主的に生活していこうとする雰囲気が学級全体に広がっていった。

●思い通りいかず苦戦したこと

　快斗は，もともと友達に対する物言いがきついほうだったが，班長になったことで拍車がかかり，班の児童とうまくいかなくなった。最初は張り切って過ごしていたが，徐々に先頭に立って行動することができなくなり，感情的な言葉が多く出てきた。

　また泰成は，1学期は授業中に立ち歩き，気に入らないことがあると床に寝転ぶことがあったが，班長になってからは張り切っていた。しかし，快斗同様に息切れして，忘れ物が多くなったり，班の友達に強い口調で迫ったりした。

　これらのことは残念な姿にみえるが，先頭になって活躍したいという思いと現実の姿のギャップによる葛藤やもめごとは，むしろ児童にとってステップアップのチャンスととらえた。事実，もめごとが起きても，解決するまでの時間は1学期に比べて断然早くなった。

3学期への課題

　帰りの会での認め合い，SGEなどを継続していくことで，さらに高いリレーションを構築していきたいと思った。

　ルールの形成では，当番活動の定着，授業中の集中などがよくなってきた反面，友達への言葉づかいなどまだまだ定着しているとはいえなかった。「他人をいやがらせる言動」がないように継続的に働きかけ，見守っていく必要がある。また，2学期に行ってきたことを継続していくことが重要だと感じた。

3学期　教師からのアクション
メンバーチェンジで，班活動を再度展開する

目標

　3学期は，中学年である3年生に向けて，自分たちでできることは自主的に進めていくことができる集団をめざす。特に3年生で新しい学級になると，新しい友達との出会いを迎えるので，「だれとでも仲よくできる」ことを大切にしていく。
　帰りの会で続けてきた認め合い活動は継続し，それ以外に2年間の生活を振り返り，互いに認め合う場を設定する。また，家族とともに成長を確かめる場も設けて，2年間の生活の良さに目を向けるようにしていく。

計画と実施

> **ルール**　だれもが班長になるチャンスをもち，自分たちで生活する意識を高めるようにする

①2学期と同じ方法で班の編成替えを行い，まだなっていない児童から立候補で班長を募る。
②3年生に向けて，一人一人の意識を高めるために，班の中で「班長」「生活長」「学習長」「給食長」「掃除長」というように，場面ごとのリーダーを決める。また，それぞれにリーダー会を設け，全員がどこかに所属するようにする。
③進級の目標をもつことをねらいとして，SGEの「3年生になった自分への手紙」を行う。3年生の5月ごろの自分に届くように手紙を書き，書いた内容を交流する。3年生になる直前のいま，自分にできることは何かをみつめて，学年末の過ごし方の大切さを自覚できるようにする。

> **リレーション**　2年間の生活を振り返り，認め合う場をもつことで，一緒に過ごしてきた友達との生活がよかったと思えるようにする

①SGEの「ありがとうカード」を行い，2年間で一緒の班になったことがある友達に，感謝の気持ちを込めてカードを渡す。短くてもいいので，何に感謝しているかを具体的に書くようにする。
②最後の授業参観で「2年間がんばってきたこと」という授業を行う。自分がこの2年間がんばってきたことを考えてプリントに書き，保護者も見ている前で全員が発表する。内容が大きくなり過ぎないように，書くことは学校生活のなかに限定する。

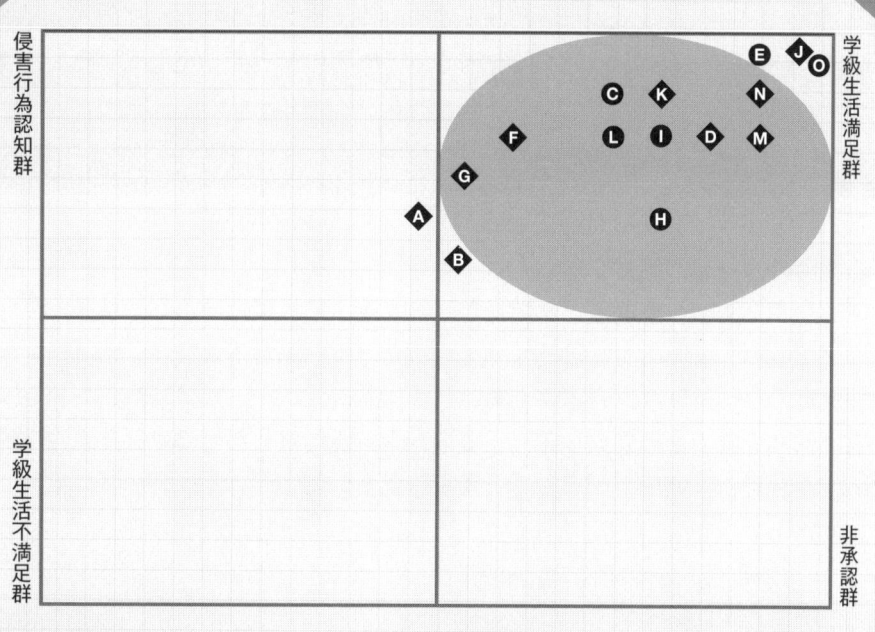

第3章 学級集団づくりの事例 事例7

侵害行為認知群 / 学級生活満足群 / 学級生活不満足群 / 非承認群

（散布図：E, J, O, C, K, N, F, L, I, D, M, G, A, B, H が満足群側にプロット）

■学級の公的なリーダーの児童
【男子】K
M：学級のことをよく見ていて，全体に声がかけられる。
【女子】E（理紗）
O：おとなしいが，友達にとても優しく，好かれている。

■学級で影響力の大きい，陰で仕切るような児童
【男子】J，K
【女子】C（梓）

■態度や行動が気になる児童
【男子】F（快斗），G（圭佑），B（晃太），A（泰成），
【女子】C（梓），L

■プロットの位置が教師の日常観察からは疑問に感じられる児童
【男子】F（快斗），A（泰成）
【女子】H（美香）

■学級内の小グループを形成する児童
【男子】J，M，K，N，A（泰成）：元気よく外遊びするドッジボール大好きグループ。
【女子】C（梓），I（彩那），H（美香）：少人数で過ごすことが多い。

■4群にプロットされた児童に共通する特徴
【満足群】明るく活力があり，自主的に活動できる集団。
【非承認群】なかなか自分の思うことを伝えることができない集団。
【侵害行為認知群】もめごとが多く，自己主張が強い集団。
【不満足群】集団の中に入れない児童や疎外感のある児童の集団。

■学級の様子と問題と感じていること
　学級生活のなかでルールを守って生活できる児童はほとんどになってきた。授業中の立ち歩きもなくなった。しかし，友達に対してつい強い口調になる児童がいる。

学年末の学級集団の状態［2月］

3学期　学級集団の反応
学級の過半数が建設的に行動できるようになり，仲間関係も広まる

結果

● 学級集団のルールの確立ぐあい
　生活上のルールについては，意識して行動できる児童がほとんどになった。立ち歩きはなくなり，人のいやがる言動も少なくなり，ずいぶん落ち着いていった。

● 学級集団のリレーションの確立ぐあい
　男女関係なく集団を形成できるようになった。固定化した集団で行動する様子もなくなった。無作為に集団を形成し，交流するように指示してもスムーズにできるような仲間関係になった。

3学期を振り返って

● おおよそ計画通りに進んだこと
　しめくくりの行事が続くあわただしい時期であったが，学級が騒然となることはなかった。授業中の立ち歩きや私語もなくなり，4月と比べて同じ学級かと疑いたくなるほどであった。まだ班長をやっていなかった少数の児童たちは，不安な気持ちをもちながらも，張り切る気持ちが伝わってきた。
　「3年生になる自分への手紙」では，「あまりおこらなくなったかな」と自分に問いかける快斗（F）がいた。自分を客観的にみられるようになってきて，感情的になることは格段に減った。その成長ぶりを保護者に伝えると，家でも兄弟に優しくなってきたとのことであった。兄弟のいない晃太（B）も，「また一つお兄さんになるな」と手紙に書いていた。友達とのかかわりも少しずつ増えてきた。
　最後の授業参観に向けて，「2年間がんばってきたこと」の作文には1週間以上も前から取り組んだ。発表が終わるたび，児童と保護者から拍手が起こった。

● 思い通りいかず苦戦したこと
　学級の成長ぶりをたくさん伝えたくて，学級通信を多めに発行しようとしたが，学年間の学級のバランスがあり，むずかしいことであった。

1年間を振り返って

　3年生の生活に目を向けることで，新たな目標をもつことができた。しかし，先のことにばかり意識がいき過ぎると，いま現在の生活がおろそかになりがちなので，その点には配慮がいると感じた。

事例解説 7

中集団成立過程で葛藤があった学級集団【2年生】
岩田和敬

●"やや荒れぎみ"の状態からスタートした学級集団

　本事例の2年生の学級は、学級編制替えがなく、児童は1年生と同じメンバー、担任だけが入れ替わってスタートした状態です。児童たちは1年生の学級の雰囲気をそのまま引きずり、全体が落ち着かない状態で、授業中に立ち歩く複数の児童や、仲間関係も閉鎖的であるなど、年度当初から学級集団は「やや荒れ気味」の状態でした。このような学級では、まず、児童が安心して学級生活を送れること、学級集団全体で授業や活動ができることを目的に、教師主導で取り組むことが必要だと考えられます。

●中集団成立過程での葛藤と、その考えられる理由

　1学期は児童の自主性をある程度制限し、教師主導で学級目標の設定、ルールづくりや班編成、担任と児童一人一人との二者関係づくりを行い、学級遊びにも担任が必ず入りました。このことが功を奏して、5月の連休明けまでに、生活上のルールを守って動く児童が4割近くに達しました。Q-Uでも、6月の「ななめ型」から10月は「満足群が多い短い横型」になり、集団は成熟に向かいました。しかし、その過程では、泰成（A）、快斗（F）、圭佑（G）、梓（C）によるトラブルが多く起きました。この背景として、①人とかかわったり、集団で取り組んだりするときのルールやスキルが身についていない、②学級内に人間関係（リレーション）ができていないため、児童同士のかかわりが閉鎖的になり仲間意識も薄い、ことが考えられました。

●中集団成立過程での葛藤に対して、この対応がよかった

　2学期は、生活班を積極的に活用して、係活動、日直や掃除、学校行事への取組みをルールにそって行わせることで、ルールの定着をさらに図りました。また、もめごとや口論が起こったときは、その場面を見逃さずに取り上げ、ロールプレイをしたり話し合いをしたりして、児童にルールを考えさせ、定着するまで根気よく取組みを続けました。さらに、班長になる機会を多くの児童に与えたことで、泰成、快斗、梓もやる気が出て、行動変容がみられました。泰成や快斗がリーダーの役割をうまく果たせなかったときは、それをチャンスととらえ、個別支援を継続的に行いました。

　3学期は、さらに班内の仕事や役割を固定化せずに、さまざまな体験をさせました。これにより、一人一人の仕事、役割の内容や責任範囲、むずかしさを相互に理解し合うことができ、仕事・役割間の助け合いにつながりました。また、学級の中で一人一人がどのような役割を果たしているかが明確になったことで、自己評価が進み、周りからの承認も受けやすくなりました。このことは、「良さみつけ」「ありがとうカード」「2年間がんばってきたこと」などの取組みが効果を上げる一因にもなりました。

●この事例から得られる、学級集団づくりの鉄則

　この事例でいちばん参考になることは、中集団の成立に向けて、小集団での取組みを、班のメンバーを変えながら繰り返し行っていることです。ある程度やり方がわかったことを、いろいろな人と繰り返し行うことで、ルールの定着が進み、人間関係の形成にも広がりが生まれ、集団が成長するための素地が築かれていきます。

中集団成立過程の葛藤　集団づくりの経過 -3 -2 -1 1 2 3 4

リレーションの形成がむずかしい学級

「なかよしスキルタイム」と学び合いの授業でかかわりを促進した事例

キーワード
2年生，学級編制替えなし，ソーシャルスキルの学習，リーダー体験

一　学級経営の背景

学級編制替えのない，ある程度ルールが定着している学級

■ 学級担任の紹介，教育観

●**教師になった理由，年齢，教師歴**

　50代半ばの女性教師。地元国立大学を卒業後，小学校教員として33年間勤務してきた。30代半ばからは中堅教員として生徒指導主事など各種主任を務め，前任校では教務主任として無担任であった。学級担任をもつのは5年ぶりで，児童たちと一緒によい学級づくりに精いっぱい取り組みたいと考えている。

●**学級経営に対する考え方**

　児童一人一人を大切にし，だれもが安心して過ごせる学級をつくることに，若いころから取り組んできた。前任校では，教務主任として問題のある学級の担任サポートや指導にあたったが，授業の進め方を一生懸命に指導しても，学級づくりがうまくできない担任がよい授業を進めることはむずかしく，学級づくりの大切さを改めて痛感した。本校は各学年2学級であり，もう一つの学級は初任教員が担任するので，先輩として初任者の手本となる学級づくりをしたいと考えている。

●**指導タイプ**

　基本的には，指導もサポートも手厚いタイプだと思う。ただ，50代も半ばに達し，

久しぶりの担任であることや，前任校とは異なり人口密集の市街地を抱え，問題のある児童が多いといわれている本校で，これまでの自分のやり方が通用するのか自信がない。初心に戻って学級づくりを勉強しながら進んでいきたい。

地域・学校・学年・児童生徒の状況

●学校と地域の状況

歓楽街のある市街部と広大な農村部を校区とする。2年前に少人数化した隣接小学校を吸収統合し，スクールバス2台と市営バスで半数近くの児童が通学している。地域は高齢化が進んでいるが，学校教育に対しては協力的で，登下校の見守り隊や学校後援会が組織され，活発に活動している。しかし近年はしつけが行き届かない家庭が増えてきており，忍耐力がたりずにトラブルを起こす児童が多い。高学年では毎年のように学級崩壊が起きている。

各学年2学級と特別支援学級（知的障害2，情緒障害1）3学級の中規模校。半分以上の教員が50代で，今年度新規採用教員が2人配属された。

●学年・児童生徒の状況

事例の学級は2年生で，児童数25人（男子10人，女子15人）。学級編制替えは隔年で行っているため，児童たちのメンバーは昨年と同じである。すすんで挙手して発言するなど，積極的に学習に取り組む児童がいる反面，相手のよいところを認め，優しい気持ちで接することができない児童が多い。壁のないオープンスクールの校舎で，「かかわり合い，学び合う対話のある授業」を学校全体でめざしている。

当該学級の状況

●当初の目立った問題点

- 相手のことを考えないで行動していやな思いをさせてしまう児童や，集団行動がとれない児童がいる。
- 集中して話を聞くことができない大輔（A）と健人（B），自分の考えを相手に伝わるように話したりすることが苦手な愛子（C）と直樹（D）がいる。
- 注意しても言うことを聞いてくれないという理由で，問題行動を起こす数人のクラスメイトを無視したり，いやみを言ったりする様子がみられる。

●学級経営をするにあたっての指針

授業を中心にいろいろな場面で児童たちのかかわりを増やし，互いの良さを認め合う場面をつくりたい。そのためにルールやマナーの指導に力を入れ，温かく協力的な関係づくりに取り組んでいく。また，本校では，エンカウンターとソーシャルスキルによる10分間の「なかよしスキルタイム」を毎週火曜日の朝の会に行っているので，この時間を児童たちのルールやマナーの習得に役立てていきたい。

1学期　教師からのアクション

理想の学級像と，それを達成するためのルールを共有する

目標

1学期は，「友達のいやなことを言ったり，したりしないで仲よくしよう」ということを児童たちに意識づけ，行動化することを目標にする。

計画と実施

ルール　年度初めのルールづくりや定着のための活動をしっかり行う
　　　　　　スタートの取組みを工夫し，児童たちの聞く，話す態度を育てる

①4月当初の出会いのあと，児童たちと1年生のときの生活を思い出しながら，どんなことがよかったのか，どんなことが問題だったのかを話し合う。
　その結果，よかったこととしては「発表をがんばっている」「すすんで手伝いができる」など，問題だったこととしては「友達にいやなことを言う人がいる」「けんかする人がいる」などが出てきた。

②前年度の振り返りを踏まえて，2年生ではどんな学級にしたいか，問題だったことを解決するためにはどうしたらよいかを，教師が主導する形で話し合う。
　その結果，「友達のいやなことを言ったり，したりしないで仲よくしよう」という具体目標を決めた。このほかに学級生活のルールとして「時間を守って行動しよう」，学習のルールとして「口を閉じて人の話を聞こう」に取り組むことが決まった。

リレーション　授業の中でのかかわり合いや学び合いにより，児童の人間関係を向上
　　　　　　　　させる。児童の言動を認め，良さを広める活動を工夫する

①「友達のいやなことを言ったり，したりしないで仲よくしよう」という目標を，休憩時間や給食や清掃のときだけではなく，授業の時間でも指導していく。授業のかかわり合いや学び合いのなかでも，児童たちの人間関係を向上させていく。

②児童同士が安心してかかわり合える場面を増やすために，活動の進め方はきめ細かく指示する。例えば授業中にペアで話し合う場面では，「隣の人と向かい合います」と隊形を示し，「聞く人は口や顔を見ながら聞きます」「終わったらよいところを一つ言ってあげます」「ほめてもらった人は『ありがとう』とお礼を言います」などと，やり方を一つ一つ示すようにする。

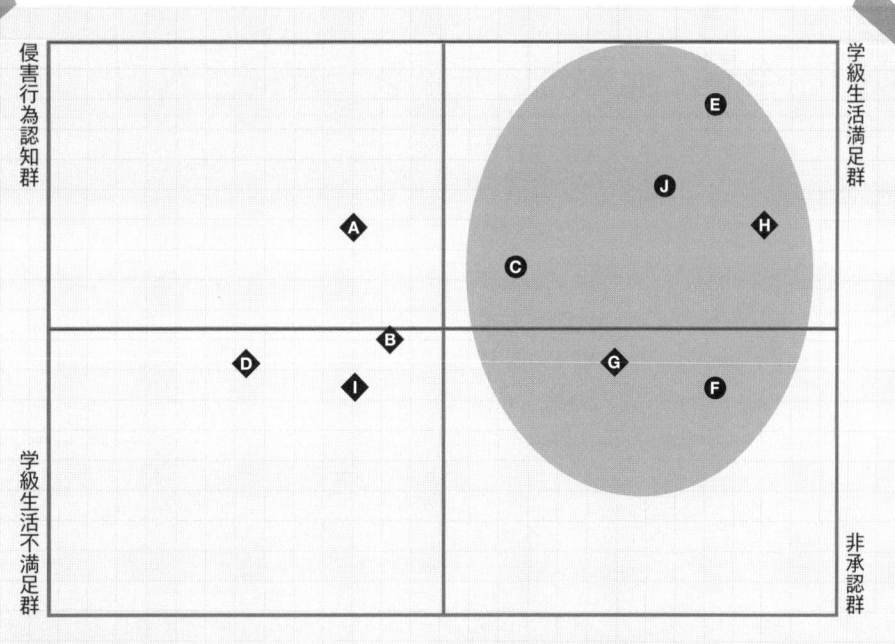

第3章 学級集団づくりの事例 事例8

(図：学級生活満足度×侵害行為認知のプロット図。縦軸上「侵害行為認知群」、下「学級生活不満足群」、横軸左「学級生活満足群」、右「非承認群」。児童A～Jがプロットされている)

■学級の公的なリーダーの児童
【男子】該当なし
【女子】E：担任の話をよく聞き，みんなに注意をする。

■学級で影響力の大きい，陰で仕切るような児童
【男子】G，H：よく友達の悪口を言って雰囲気を悪くする。
【女子】F：C（愛子）などがきちんとできないことを教師に言いにくる。

■態度や行動が気になる児童
【男子】A（大輔）：授業中私語が多く，落ち着きがない。
B（健人）：じっとしていることが苦手で隣の児童にすぐちょっかいを出す。
D（直樹）：特別支援学級在籍。音楽と体育を交流。周りに合わせることができず，特異な行動をとることがある。
I：1年の3学期から登校をしぶりがち，母に車で送ってもらっている。
【女子】C（愛子）：善悪の判断が甘く，人の迷惑になることを平気でする。

■プロットの位置が教師の日常観察からは疑問に感じられる児童
【男子】該当なし
【女子】C（愛子）：友達とのトラブルが多いが満足群にいる。

■学級内の小グループを形成する児童
【男子】G，H：二人で一緒に友達の悪口をよく言う。
【女子】E，J：Eの発言にJがすぐに賛成する。

■4群にプロットされた児童に共通する特徴
【満足群】教師の指示をよく聞いて行動する。
【非承認群】悪口をよく言う児童が多い。
【侵害行為認知群】教師や友達からよく注意されている。
【不満足群】人数は少ないが登校をしぶりがちな児童がいる。

■学級の様子と問題と感じていること
　1年生のときの担任がルールの指導に力を入れていたため，全体としては落ち着いて生活している児童が多い。ただ，コミュニケーションがうまくとれなかったり，多動でトラブルが多かったりする児童に対して批判的な言動が多く，親和的な雰囲気は感じられない。

5月連休明けの学級集団の状態［5月］

1学期　学級集団の反応
教師を中心に落ち着いた活動が展開される

結果

●学級集団のルールの確立ぐあい

　学級のメンバーは前年度と同じであるが，ルールをしっかり身につけさせるためには，4月スタート時の取組みが大切だと考えた。そこで，「時間を守って行動しよう」という生活のルールと，「口を閉じて話しを聞こう」という授業のルールを教室前に掲示して，守れたら毎日の帰りの会で連絡帳にシールを貼るようにした。シールが増えていくことが児童たちにとって大きな励みとなり，特にこれまでルールを守れなかった児童にも，ルールを守ろうとする動機づけが高まった。

　授業では，教師への信頼感が高まることを大切にした。例えば国語の音読では，全体で読む，グループで読む，ペアで読むなど，多様な読みを取り入れ，児童が飽きないで取り組めるように展開に変化をもたせたうえで，「いい姿勢で読めましたね」「ていねいに読めましたね」「よく考えて読んでいましたね」「すらすらと読めましたね」など，一つ一つにていねいに声をかけた。

　集中して話を聞くことができない大輔（A）には，落ち着かない様子がみられてきたら「がんばっているけど，もう少し，ちゃんと座っていてね」と声をかけ，そのあとで指名して発言させるようにした。多動傾向のある大輔も，タイミングよく自分の思いを話せることで，活動に位置づくことができた。5月ごろになると大輔は友達の話も聞くことができるようになり，一生懸命に発言する姿がみられるようになった。

●学級集団のリレーションの確立ぐあい

　授業の最初のあいさつは，初めのころ，当番が前に出て姿勢の悪い児童を注意し，全員がそろったところで号令をかけていた。このやり方を変え，「〇〇さん，姿勢がいいです」とよい児童を指摘するようにしたところ，きちんとしようとする意欲が一人一人に高まっていった。

　また，「〇〇君，がんばって発表できたね。先生うれしいな」「〇〇さんの，～という目のつけどころすごいね」「間違えたけど，〇〇さんのやる気が伝わってきたよ」など，授業で児童を認める発言をたくさん心がけた。プラスのフィードバックをもらえることにより，児童はすすんで授業に取り組むようになっていった。

1学期を振り返って

●おおよそ計画通りに進んだこと

　4月の出会いと年度当初のスタートの工夫はうまくいった。その後も授業を中心にルールとリレーションを高める取組みをしたことで，5月ごろには「友達のいやなこ

とを言ったり，したりしないで仲よくしよう」が児童たちに意識づけられ，定着してきた。学級の雰囲気が温かいものに変化し，友達にいやなことを言ったりしたりすることが，急激に少なくなっていった。

　学校全体で毎週火曜日の朝の会で行っている「なかよしスキルタイム」も，児童たちのルールやマナーの習得によい影響を与えた。4月は出会いの楽しさを味わうをテーマに「あいこジャンケン・ひたすらジャンケン」「質問ジャンケン」，5月は気持ちのよいあいさつをテーマに，あいさつ名人への道として「おはようジャンケン」「さよならジャンケン」「目と目とあいさつゲーム」に取り組んだ。わずか10分の取組みであったが，登校すると教室の友達に元気にあいさつする児童が多くなり，児童同士のかかわり方が向上してきた。「おはようジャンケン」などいくつかのエクササイズは，児童のリクエストに応じて，火曜日以外にも取り組んだ。

●思い通りいかず苦戦したこと

　年度当初に決めた「友達のいやなことを言ったり，したりしないで仲よくしよう」という目標のうち，「いやなことを言ったり，したりしない」というルールは定着した。けれども「仲よくしよう」はうまくいっているとは言えなかった。相手に伝わるように自分の考えを話すことが苦手な大輔と健人（B），特別支援学級から音楽や体育の時間に交流に来ている直樹（D）に対して，「はっきり言ってください」「もっとちゃんと言えよ」などと批判的な言葉をかける様子がみられた。特に学級全体にルールが定着し始めると，ルールを守れない児童ばかりが注意を受けることが増えていった。

2 学期への課題

　教師からのかかわりを中心に温かい学級の雰囲気がつくられてきたが，児童同士で互いによいところをみつけてかかわり合う場面は少なかった。そこで，2学期はペアやグループの活動を取り入れ，児童同士が互いの良さを認め合う場面を増やすことにした。教師からだけでなく，友達からも温かい言葉をかけてもらうことで自分の取組みに自信をもってほしいと考えた。

　また，学期に一回，全学級を参観して学級づくりや授業へのアドバイスをくれる本校の校長から，教師→個→教師→個→教師という一斉型の授業がとてもうまく進められており，児童たちの学習態度もできているので，教師→個→集団（ペアやグループでの学び合い）→個→教師という学び合い型の授業に挑戦してほしいというアドバイスをもらった。1学期は教師主導の一斉指導がきちんとできるようにルールづくりやリレーションづくりに取り組んできた。そのなかでペア学習も取り入れてきたが，低学年でうまくできるか自信がなかったので回数は多くはなかった。2学期はペアやグループによる学び合いの多い授業を進めることで，中集団での活動ができるようにしていきたい。

2学期 教師からのアクション
「学び合い」を通して，児童のかかわりを深める

目標

 教師による一斉指導と個別支援が中心であった1学期から，2学期はペアやグループでの活動を増やし，友達と互いの考えを聞き合ったり，相談したり，確かめ合ったりするようにしていく。

計画と実施

ルール　ルールを守って自主的にペアやグループの活動ができるようにする

①1学期の生活を振り返り，いやなことを言ったりしたりすることがなくなったことをうれしく思っていることを伝えて，2学期のめあてを話し合う。
　その結果，児童たちからは，2学期に取り組みたいこととして「学習発表会をがんばりたい」「持久走大会で去年より順位を上げたい」などあげられた。
②聞き方が身についてきたので，「考え」はパー，「違う考え」はグー，「つけたし」はチョキ，「質問」は人差し指というように，ハンドサインによる発表に取り組む。また，「ぼく（わたし）は，○○さんとちがって，～だと思います」「○○さんにつけたします」などの話型も掲示する。カードやシートを使って考えを見える形にし，発表が苦手な児童にもわかりやすい授業を工夫する。
③ペアやグループで作業をするときには，気が散らないように，使わない教科書を机の中にしまい，必要なものだけを机の上に出して学習するようにする。
④ノートに自分の考えをまとめることを大切し，それをもとにペアやグループで話し合うようにする。ノートには教師が朱書きでコメントを書き込み，児童が自信をもって自分の意見を言えるようにする。また，「友達と比べてどこが同じかみつけます」のように，活動する目的をわかりやすく伝え，話し合いの仕方や役割分担は細かく指導し，約束を守って活動できるようにする。

リレーション　学習発表会など，行事の練習を通じて，認め合える関係づくりを促進させる

①児童たちが楽しみにしている行事の取組みのなかで，協力して練習したり，互いのがんばりを認め合ったりする場面を多くもつ。うまくできない児童に対しては，励ましができるように指導する。
②家庭へも児童の様子を伝え，声をかけてもらうことで，児童のやる気が高まるようにする。やり遂げたという達成感を共に味わうことで，認め合う関係を深めていく。

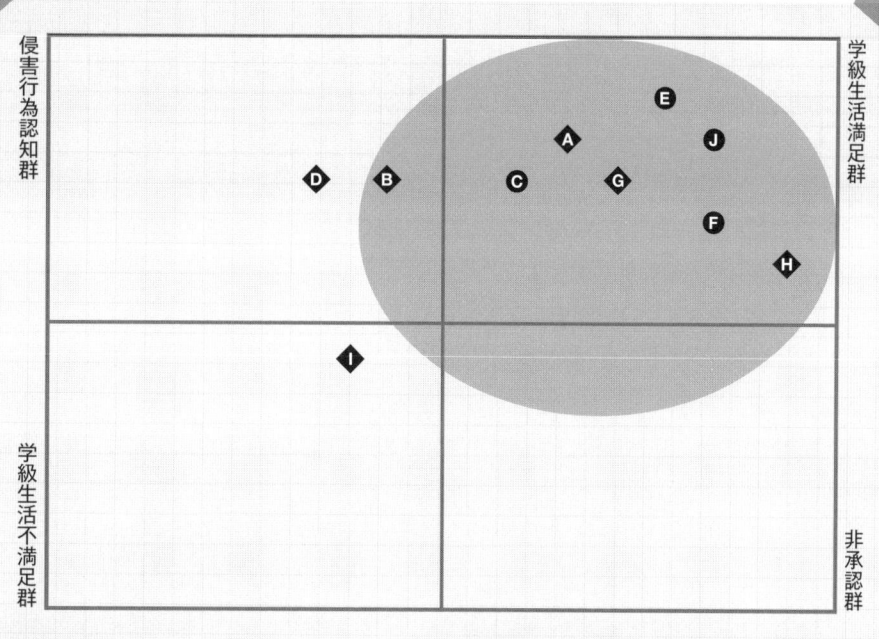

第3章 学級集団づくりの事例 事例8

侵害行為認知群 ／ 学級生活満足群 ／ 学級生活不満足群 ／ 非承認群

■学級の公的なリーダーの児童
【男子】該当なし
【女子】E：みんなのことを考えて行動するが，リーダーとして支持を受けることが少ない。
■学級で影響力の大きい，陰で仕切るような児童
【男子】G，H：1学期より友達の悪口を言わなくなった。
【女子】該当なし
■態度や行動が気になる児童
【男子】B（健人）：隣の児童へのちょっかいが直らない。
D（直樹）：特別支援学級在籍。学習発表会の練習にがんばって取り組む。
I：明るく元気に登校するようになった。
【女子】C（愛子）：人の迷惑になることを平気ですることがある。
■プロットの位置が教師の日常観察からは疑問に感じられる児童
【男子】該当なし
【女子】C（愛子）：友達とトラブルが多いが満足群にいる。

■学級内の小グループを形成する児童
【男子】G，H：友達の悪口よりもよいところをみつけて言う。
【女子】該当なし
■4群にプロットされた児童に共通する特徴
【満足群】ペアなど，グループの活動に楽しく取り組んでいる。
【非承認群】グループ活動が苦手な児童が多い。
【侵害行為認知群】発達障害傾向の児童が多い。
【不満足群】ほとんどいなくなった。
■学級の様子と問題と感じていること
　学習発表会に向けてめあてをもってがんばった。ペアやグループの活動もうまくできるようになり，友達を認める発言も多くなった。ただ，教師主導で活動を進めることが多く，児童が自主的に活動に取り組むようにはなっていない。

理論編／事例編／小集団成立過程／中集団成立過程／自治的集団成立過程

2学期の学級集団の状態［10月］

| 2学期 | 学級集団の反応 |

グループ活動や学習発表会の取組みが活性化

結果

●学級集団のルールの確立ぐあい

　「使わなかったおはじきをしまってください」「鉛筆を出してください」「では2の段の九九を4回練習しましょう」など、授業での指示を短く明確に出すことを徹底したことで、全員が指示にしたがってさっと行動できるようになった。

　また、授業の初めにトイレに行った児童が帰ってきたら、教室の入り口で「遅れてすいません」と謝り、ほかの児童が「いいですよ」と言うようにすることで、迷惑をかけたときには謝り、それを周囲は許すという習慣が身についていった。

　ペア活動では、「だれからやるのか」「どれくらいの時間でやるのか（例えば「1分間で」）」「いつ交替するのか」など、きちんと枠（条件）を示して行うようにした。これにより、児童たちは安心してペア活動に取り組むことができた。

　ペアやグループ活動のあとには、相手のよいところを伝える場面を設け、友達と話し合うことで「深まった」「わかった」「できた」ことがわかるようにした。これにより、児童たちは友達と学び合う良さを実感でき、また友達とのかかわり合いのなかでルールを守る経験を積んだことで、生活や学習のルールが定着していった。

●学級集団のリレーションの確立ぐあい

　学習発表会の練習では、聞く姿勢についての指導の時間を増やした。「いい姿勢になっているね」「目がしっかりとつながっていて気持ちがいいですね」「お話を聞く姿勢がいいです」「5班はだれもしゃべっていません」など、指示をしっかり聞き、理解することで、分担した役割の練習に真剣に取り組む姿がみられた。

　10月のなかよしスキルタイムでは、「みんなで盛り上げよう」をテーマに「私の学習発表会のめあて、できる！できる！」を行った。学習発表会のステージ発表の役割分担ごとに自分のめあてを発表し、それに対してみんなから「できる！できる！」と拍手を送ってもらった。また、「がんばれジャンケン」では、相手を見つけてジャンケンし、勝った人は負けた人に「私が学習発表会でがんばることは、～です」と話し、負けた人は「がんばれ！」と励ましの拍手をした。このような活動を行うことで、みんなで協力してしっかり学習発表会に取り組もうという意欲が高まっていった。

2学期を振り返って

●おおよそ計画通りに進んだこと

　学習発表会の2年生の劇「とびだせ！九九星たんけんたい」は、1の段から9の段まで、順に分かれての出演であった。どの段のグループもモチベーションが高く、声

をかけ合って演技に取り組む姿がみられた。直樹（D）は，1年生のときの学習発表会では，恥ずかしがってきちんと演技ができなかったが，特別支援学級での練習のときに友達から「うまくできているよ」「上手だね」「がんばっているね」という声かけをもらって勇気づけられ，本番ではみんなと一緒に堂々の演技を行った。お父さんやお母さんのうれしそうな顔が印象的だった。

学習発表会のあとのなかよしスキルタイムでは，「わたしが学習発表会でがんばったこと」を行い，がんばったことや，いま思っていることをペアで話し合った。「自分のめあてに向かってがんばった」「友達と協力することができた」など，学習発表会で自分ががんばったこと，思っていることなどを誇らしげに語り合う様子がみられ，自分たちの成長に気づくことができた。

授業ではペアやグループの活動を多く取り入れ，学習の準備などでも「隣の人がノートをきちんと開いているか見てください」「隣の人が準備ができていなかったらお手伝いしてあげてください」のように，隣同士で確認することを増やしていった。かかわり合いの多い授業を進めることで，児童は友達と自分の思いを語り合うことを楽しむようになった。

●思い通りいかず苦戦したこと

ペアやグループの活動はとてもうまくできるようになり，それをベースに中集団での活動もとてもうまくできるけれども，教室全体を引っ張るリーダーがいないことに2学期の途中ごろから気づいた。

ペアや少人数のグループ活動ができるようになった低学年の児童たちを，さらに学級全体での活動に取り組めるようにするにはどうすればよいかがわからなかった。

3 学期への課題

ペアやグループの活動が上手になり，中集団としての活動もできるようになったが，児童の中にリーダーがおらず，自主的に活動するところまでにはなっていない。低学年では，中集団で活動できるだけでも十分ではないかという気持ちもあったが，3年生に向けて，自治的集団レベルの活動も経験させたいと考えた。

3学期　教師からのアクション
リーダーの基礎を育てる

目標

　1，2学期はペアを中心とした活動を多く行ってきたので，3学期は4人グループを中心に全体の話し合いも自分たちが進めるようにする。これまで友達にやさしい言葉をかけることができるようになることに取り組んできたが，リーダーとしての力も育て，自主的な活動にも取り組めるようにしたい。

　また，司会者を決めてグループで互いの考えを聞き合い，思ったことや感じたことを伝え合う場面を増やすことで，リーダー体験ができるようにする。

計画と実施

ルール　グループ活動で進行役などのリーダー体験を多くする。進行役の仕事を意識させ，うまくできたことを認めることでリーダーを育てる

①グループ活動では，司会者を決めて児童に進行させる。教師は司会のがんばりを認めて，取り上げるようにする。

②児童同士で進められるように，グループでの活動の仕方を工夫する。例えば詩を読み合わせるために，各自の詩をコピーしたり，感想を書くカードを用意したりする。また詩の感想を話し合う場面では，「口，耳，目，ハート」などのマークで観点を示すことで，話し合いが深まるようにする。

リレーション　自分を開き，考えたこと，思ったこと，感じたことを話し合う楽しさを味わう

①授業にグループ活動を取り入れ，話したり聞いたりすることを，一人一人が楽しく行えるようにする。

②自分の考えをしっかりもって発言したり，友達の考えと比べて聞いたりできるようにする。

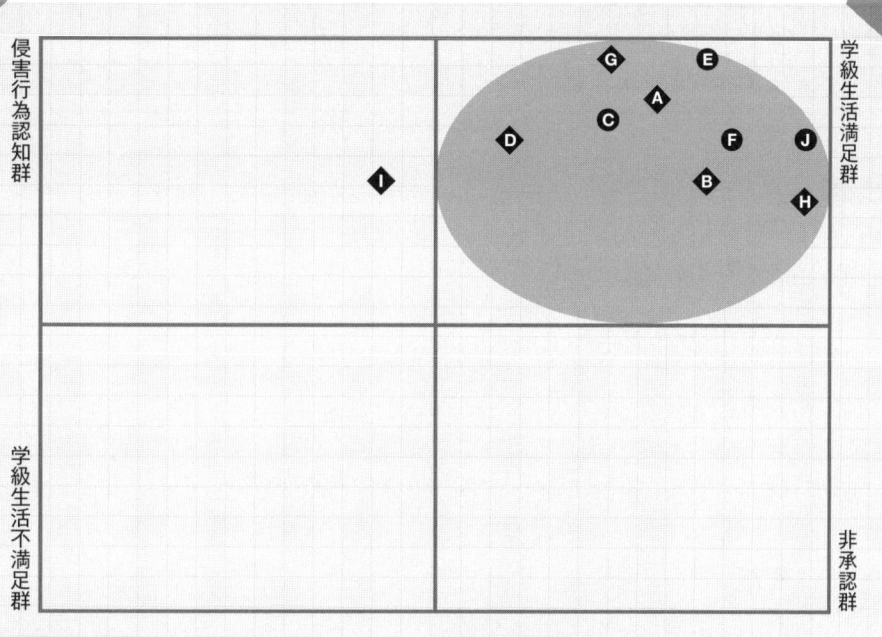

第3章 学級集団づくりの事例　事例8

（散布図：縦軸上「侵害行為認知群」、横軸右「学級生活満足群」、縦軸下「学級生活不満足群」、横軸右下「非承認群」。満足群領域に楕円でG, E, A, C, D, F, J, B, Hがプロットされ、侵害行為認知群にIがプロット）

■学級の公的なリーダーの児童
【男子】該当なし
【女子】E：グループ活動をうまく進めることができるようになった。
■学級で影響力の大きい，陰で仕切るような児童
【男子】該当なし
【女子】該当なし
■態度や行動が気になる児童
【男子】B（健人）：グループ活動では友達と協力できるようになった。
【女子】C（愛子）：人の迷惑になることを平気でする。
■プロットの位置が教師の日常観察からは疑問に感じられる児童
【男子】該当なし
【女子】C（愛子）：友達とトラブルが多いが満足群にいる。

■学級内の小グループを形成する児童
【男子】該当なし
【女子】該当なし
■4群にプロットされた児童に共通する特徴
【満足群】友達のことを考えて行動することができる。
【非承認群】すごく減って，ほとんどいなくなった。
【侵害行為認知群】ほとんどいなくなった。
【不満足群】該当なし
■学級の様子と問題と感じていること
　グループ活動では司会を経験することでリーダーとして行動できるようにしたいと考えた。協力して活動したり，友達のよいところをみつけたりすることはできるようになったが，学級全体を考えて行動するリーダーは育っていない。低学年でリーダーを育てるむずかしさを感じている。

学年末の学級集団の状態［2月］

3学期　学級集団の反応
かかわりのスキルが育ち，体験から学ぶことのできる集団に

結果

●学級集団のルールの確立ぐあい

　3学期は，グループや学級全体での話し合いの司会ができるようになることに，力を入れて指導した。学級全体の話し合いを毎月設定し，さまざまなことをみんなで話し合って決めるようにした。

　これまで教師は，一人一人の発言の良さを取り上げ，伝えていたが，3学期はそれとともに，司会のがんばりや司会に協力して進行を助ける児童の言動をほめるようにして，リーダーとフォロワーの関係を意識させるようにした。「今の話し合いで進行役の○○さんが全員の意見を聞こうとしていました」「司会の指示に従って意見を言っていた○○さんは素晴らしい」などの教師の発言により，児童たちがリーダーの働きに注目するようにした。

　3学期も授業にペアやグループの活動を多く取り入れた。一斉指導のなかではみんなと同じ行動がとれなかったり，遅れがちな児童も，友達と一緒に活動し，それを認めてもらうことで，自信をつけていった。これは教師からの働きかけだけではむずかしいことであり，集団活動の大切さを実感した。

●学級集団のリレーションの確立ぐあい

　どの友達とも仲よくかかわる姿がみられ，毎週火曜日のなかよしスキルタイムでは楽しく活動する様子がみられた。「好きな友達，きらいな友達」ということを言う児童がいなくなり，みんな友達という雰囲気になっていった。これは授業でペアやグループの活動を多く取り入れ，友達とのふれ合いを大切にしてきた成果だと思った。互いのよいところに目を向ける課題の与え方や教師の温かい言葉かけも効果があったと思うが，いちばん大きいのは，児童同士がかかわり合いのなかで体験し，学んだことであると思う。

3学期を振り返って

●おおよそ計画通りに進んだこと

　3学期になると，コミュニケーションがうまくとれないためにパニックになったり，けんかになったりしていた児童が，まったく問題を起こさなくなった。それは，まず第一に，グループ活動などで，友達へのかかわり方を，そのつどていねいに具体的に示したので，本人が安心して活動に参加できるようになったことが考えられる。第二に，児童たちのリレーションが深まり，グループ活動で友達から自分のがんばりを認めるメッセージがもらえるようになったことが大きいと考えられる。

3学期の初めには，校長に国語の授業を1時間参観してもらったところ，次のようなコメントをレポートでいただいた。

・「詩を書こう－見たこと・感じたこと－」というテーマで，4人グループで自分の詩を発表する活動であったが，グループ活動に取り組ませる準備や配慮が行き届いていた。本時のような楽しく充実したグループ活動はなかなかお目にかかれない。
・課題の与え方，授業の進め方，グループ活動のさせ方，児童への声かけなど，指導力の高さを実感した。残りの2か月でさらにどんな学級になるか楽しみである。
・若い先生方がこのようなグループ活動ができるように，どんどんお手本を示し，進め方のポイントを教えるようにしてほしい。

この校長の励ましに元気をもらい，学級全体で行う学級集会や話し合い活動をさらに多くしていった。一人一人が友達の話をしっかり聞き，どのようにすれば学級がよくなるか真剣に話し合う姿に児童の成長を感じた。

修了式をひかえた3月のなかよしスキルタイムでは，「今年の成長を振り返る」をテーマに「○○さん（君）のよいところ」や「□□さん（君）のがんばりに拍手」を行い，互いのよいところを伝え合ったり，友達から拍手のエールを送ってもらったりする活動を楽しく行った。1年間の児童の成長をまのあたりにしてとてもうれしく思った。

●思い通りいかず苦戦したこと

愛子（C）は，自分では困っていることもないし，学校も楽しいと感じている。Q-Uでも満足群に入っている。けれども，善悪の判断がつかず，友達に迷惑をかけてしまうことが多い。そのため，男子の中には愛子にいたずらしたり，いやなことを言ったりする児童がいる。本人のトラブルは周りの児童の話からわかることが多く，本人に聞いてもはっきりしない。そこで，気になることがあったらすぐに担任に話すことを愛子と約束した。上手にできることやがんばったことをみんなの前でほめ，みんなで温かく見守るように心がけた。

1年間を振り返って

3学期の終わりには，みんなで学級全体のことを考えて活動できる集団になったと思う。ただ，小学校低学年という発達段階も関係していると思うが，学級全体を引っ張っていく公的なリーダーを育てることはできなかった。教師主導でグループ活動を進めることが多かったためかもしれない。

児童たちは学級の友達と温かく，思いやりある態度で接することができるようになった。それとともにルールの定着も進んでいった。この経験を生かして，3年生では4月から伸びていってほしいと思っている。

事 例 解 説 8

中集団成立過程で葛藤があった学級集団【2年生】
粕谷貴志

●児童同士のかかわり合いを育てることがむずかしい状態

この事例の学級は，比較的落ち着いた児童が多い状況に感じられますが，変化にさらされた地域の影響を児童も強く受けていることがうかがわれます。一見すると早くからまとまっているようにみえますが，児童相互のかかわりは薄く，注意し合ったり認め合ったりするレベルのリレーションを育てることはむずかしい実態です。

●中集団成立過程での葛藤と，その考えられる理由

基本的なルールが守られるようになっても，教師との関係性でルールが成立しているうちは，教師の目が届かないところでルールがおろそかになりがちです。そのため，きちんとやろうとしている児童とそうでない児童の間に温度差が生まれて，トラブルが起きやすくなっています。また，友達とのかかわりに必要なソーシャルスキルが未熟な児童が多いために，リレーションがなかなか深まらず，自分たちの学級という意識も薄いために，自分に直接関係なければ他人事という雰囲気が生まれやすく，互いの存在を大切にすることや，注意し合ってみんなで居心地のよい集団にしていこうとする意識が，なかなか生まれてきませんでした。

●中集団成立過程での葛藤に対して，この対応がよかった

4月のスタート時に，1年生のときを振り返らせてどんな学級にしたいかを考えさせたことは，自分たちでルールをつくる経験となり，学級集団を他人事ではなく「自分事」として考えることにつながっていったと思います。並行して，活動の進め方などをきめ細かく指示することで，基本的なルールを一つ一つ確認したり教えたりして，ていねいに指導を進めたことが，集団のルールの確立につながりました。

リレーションの面では，「なかよしスキルタイム」が，無理なく楽しく友達とかかわるきっかけになるとともに，児童同士がかかわるときに必要なスキルを体験的に学習させるための場となりました。さらに，このようなかかわり合いとソーシャルスキルの学習を，日常の授業の活動の中にも取り入れたことで，児童はみんなで活動することや学び合うことの良さを感じ始め，急激に関係性が育っていきました。

教師からの承認に加えて，児童同士が良さを認め合う機会が多くなったことで，集団が親和的な状態に向かっていったと思います。

●この事例から得られる，学級集団づくりの鉄則

低学年だからと教師主導で一定のルールが成立していることに満足せず，自分たちの学級という意識を育てるなかで，「自分事」としてルールを考えさせたり守らせたりする実践が効果的であったと考えられます。また，かかわりの機会やソーシャルスキルの学習となる活動を週一回位置づけたことや，授業の中に学び合う活動を入れていったことが，リレーションを育てることに重要な役割を果たしました。

教師の意図的な働きかけによって，助け合ったり認め合ったりすることの価値が学級に醸成され，ルールとリレーションのレベルが高まることで，安心して児童にリーダー体験をさせることができる集団状態につながっていったと考えられます。

COLUMN
「気になる児童」への全体のなかでの個別対応

[LDの児童へのサポート]

LD（学習障害）の児童は，読み，書き，計算などの特定の能力の使用と習得に著しい困難を抱えています。鉛筆がうまく持てない，スキップができないなど不器用さが目立ち，学習への苦手意識を抱きがちです。

苦手を補うワークシートやできたことに注目して評価するシートを活用するなどの個別の配慮をしながら，全体活動に参加させる配慮が必要です。さらに，その児童の良さを生かせる役割を与えて，みんなと一緒に活動できているという体験をさせることも効果的です。

[ADHDの児童へのサポート]

ADHD（注意欠陥／多動性障害）の児童は，行動や集中力のセルフコントロールが苦手です。やりたいことは指示が出る前にしてしまう，遊びに集中しすぎて休み時間の終わりに気づかないなどのルールの逸脱が目立ちます。

学校生活の流れを絵や時計の図を入れたカードなどを使って視覚的に示し，全体でルールに従った行動を確認します。ルールを守れなかったときは全体の前で叱責せずに，個別に「いまは何をする時間だったかな」というように，具体的な行動を示して繰り返し意識させます。守れたときはルールブックにシールを貼るなどの対応が効果的です。

全体に向けた指導として「休み時間が終わったら，気づいていない子にも『一緒に戻ろうよ』と声をかけて戻ってきてね」など声のかけ方を伝え，うまくできた児童には「よく気づいてくれたね，助かったよ」とみんなの前で行動をほめることで全体に定着しやすくなります。

[ASDの児童へのサポート]

アスペルガー症候群などのASD（自閉症スペクトラム）の児童は，対人関係が苦手で特定のものにこだわる傾向があります。気になることは時間や周囲の反応に関係なくやりつづける，興味のないことは任された役割であってもしないなど，マイペースな行動が自己中心的ととらえられて周りの児童から非難されがちです。

好きなことを生かした係を設定して，係活動の認め合いで全員が認められる機会を設定するなど，こだわりを生かした工夫が効果的です。係の仕事をしてよい時間を視覚的に示し，授業中など不適切な時間に行動してしまったときには，やりたかった気持ちは受け止めつつ約束を確認します。ルールからの逸脱については，具体的な行動レベルで「授業中は席を立たないきまりだよ」とはっきりと伝えます。

全体には，「係の仕事に一生懸命なのはよいことだね。でもいまは授業中だから，休み時間にやってくれるともっとよかったね」というように，その児童の行動を受容しつつ適切な行動を示しておくことで，不適切な行動をしてしまった際のかかわり方のモデルを示すことにつながります。

引用参考文献

【第1章】

・河村茂雄,2010,『日本の学級集団と学級経営』,図書文化
・根本橘夫,1981,「学級集団づくり」の心理学的研究―「全生研」の実践の実証的検討―,『心理科学』,4,8-18.
・河村茂雄,2012,児童の学習・友人関係形成・学級活動意欲を向上させる学級集団形成モデルの開発,平成21～23年度科学研究費「基盤研究(C)課題番号21530703」研究成果報告書
・河村茂雄,1999,『学級崩壊に学ぶ』,誠信書房
・河村茂雄,1995,「楽しい学校生活を送るためのアンケートQ-U」,図書文化
・河村茂雄・粕谷貴志,2010,『公立学校の挑戦　小学校』,図書文化

【第2章】

・河村茂雄,2012,『学級集団づくりのゼロ段階』,図書文化
・河村茂雄,2007,『データが語る　①学校の課題』,図書文化
・河村茂雄,2007,『データが語る　②子どもの実態』,図書文化
・河村茂雄,2005,『学級担任の特別支援教育』,図書文化
・河村茂雄・藤村一夫・粕谷貴志・武蔵由佳・日本教育カウンセラー協会企画・編集,2004,『学級経営スーパーバイズガイド　小学校編』,図書文化
・河村茂雄・藤村一夫・浅川早苗編,2008,『Q-U式学級集団づくり　小学校低学年』,図書文化

あとがき

粕谷　貴志（編者）

　小学校低学年の学級崩壊がクローズアップされてからずいぶん経ち，これまで低学年の学級経営は大きな変化を迫られてきました。このごろ，小学校低学年のむずかしい児童の実態にもかかわらず，互いに注意し合ったり認め合ったりすることができる親和的な学級集団を育成される先生によくお会いします。どのような学級集団づくりをされるのかを学級開きから拝見したいという思いがありました。本書の事例を読ませていただきながら，学級集団を育てる先生の日々の実践のすばらしさとご苦労がよくわかりました。

佐藤　節子（編者）

　私が学級を受け持ったのは15年間だけです。乏しい経験と勘と努力を頼みにした手探りの学級経営でしたが，かつての教え子は，いま保護者になり，私を応援してくれています。しかし，なんと頼りない学級経営をしてきたものかとつくづく反省します。現在，Q-U等を利用して，実証的に学級経営を行うことができることは画期的な進歩です。優れた実践の中にある共通の指導・援助を学ぶことができるからです。児童も学級も日々成長する存在です。昨日はうまくできなくても今日は違うかもしれない。愛と目標と勇気をもって教室に行きましょう。

岩田　和敬（編者）

　「学級経営はすべての教育活動の基盤をなす」と，河村茂雄先生はよくお話しされます。日本では，学級集団を基盤にして，授業をはじめさまざまな行事，日々の学校生活が成立しています。そのため，以前よりも学級集団の相互作用が適切に機能しなくなったことが，いじめや不登校，学級崩壊，学力低下の要因の一つになっていると考えられます。学級集団づくりに焦点を当てた学級経営力を身につけていくことが，日本の教師に，いまもっとも求められていると思います。本シリーズが，学級経営のバイブルとして広く活用されることを願っています。

浅川　早苗（編者）

　学級経営にQ-Uが活用される事例が増えるなかで，Q-Uを使って学級集団を改善する特別な方法があるのではないか，という質問を受けることがあります。学級集団づくりの理論は，本書で述べられている通り，学級経営を進めていくうえでの柱となります。Q-Uで児童の実態と学級集団の状況を把握し，対応していく過程で，個性豊かに教師の総合力が磨かれ，向上していくことを今回の事例を通して強く感じました。学級経営に奮闘している私たち教師にとって，学級集団育成の視点を提供している本書は，暗闇を照らす一筋の光となるのではないかと思います。

■監修
河村茂雄 かわむら・しげお　第1章，第2章を執筆
早稲田大学教育・総合科学学術院教授。筑波大学大学院教育研究科カウンセリング専攻修了。博士（心理学）。公立学校教諭・教育相談員を経験し，岩手大学助教授，都留文科大学大学院教授を経て，現職。日本学級経営心理学会理事長。日本教育カウンセリング学会理事長。日本カウンセリング学会常任理事及び岩手県支部長。日本教育心理学会理事。NPO日本教育カウンセラー協会岩手県支部長。論理療法，SGE，SST，教師のリーダーシップと学級経営について研究を続ける。

■編集
粕谷貴志 かすや・たかし　事例解説6と8，コラム（p.32〜33）を執筆
奈良教育大学准教授。公立小中学校教諭，専修大学北上福祉専門学校専任講師，都留文科大学地域交流研究センター特別非常勤講師を経て現職。NPO日本教育カウンセラー協会上級教育カウンセラー，ガイダンスカウンセラー。

佐藤節子 さとう・せつこ　事例解説4と5を執筆
山形市立西小学校校長。公立小学校教諭，県教育センター教育相談部指導主事。公立小学校教頭，山形大学大学院教育実践研究科（教職大学院）准教授を経て現職。上級カウンセラー，ガイダンスカウンセラー，学校カウンセラー，カウンセリング学会認定スーパーバイザー　等。

岩田和敬 いわた・かずたか　事例解説3と7を執筆
愛知県大口町立大口西小学校校長。上級教育カウンセラー。ガイダンスカウンセラー。学級経営スーパーバイザー。学級づくり，グループ・アプローチについて実践的に研究を続けている。執筆：「小学校高学年で魅力ある学級をつくる」『指導と評価』図書文化，2009年9月号。

浅川早苗 あさかわ・さなえ　事例解説1と2を執筆
山梨県都留市立禾生第一小学校教諭。都留文科大学大学院臨床教育実践学専攻修了。学校心理士。上級教育カウンセラー。ガイダンスカウンセラー。Q-Uを活用した学級経営について実践的に研究を続けている。

■編集協力
川俣理恵 かわまた・りえ　コラム（p.151）を執筆
名城大学非常勤講師。早稲田大学大学院教育学研究科（博士後期課程）在籍。公立中学・公立私立高校・国立高専・教育センターの相談員を経て現職。

藤原和政 ふじわら・かずまさ
都留文科大学地域交流研究センター相談員。早稲田大学大学院教育学研究科（博士後期課程）在籍。千葉県子どもと親のサポートセンター相談員を兼務。

■事例協力，執筆　※50音順
加々見ちづる　（山梨県）公立小学校教諭
木村正男　　　（岐阜県）教育研究所指導主事
谷口治子　　　（埼玉県）公立小学校教諭
深尾絵美子　　（東京都）教職員研修センター指導主事
堀内昌恵　　　（福岡県）教育委員会指導主事
前島利彦　　　（埼玉県）公立小学校教諭
水上和夫　　　（富山県）スクールカウンセラー
森永秀典　　　（岡山県）公立小学校教諭
吉本恭子　　　（高知県）教育研究所班長

（所属は2012年12月現在）

シリーズ 事例に学ぶQ-U式学級集団づくりのエッセンス
集団の発達を促す学級経営　小学校低学年

2013年2月1日　初版第1刷発行［検印省略］

監修者　河村茂雄 ⓒ
編　者　粕谷貴志・佐藤節子・岩田和敬・浅川早苗
発行者　村主典英
発行所　株式会社 図書文化社
　　　　〒112-0012　東京都文京区大塚1-4-15
　　　　TEL. 03-3943-2511　FAX. 03-3943-2519
　　　　振替　00160-7-67697
　　　　http://www.toshobunka.co.jp/

本文デザイン・装幀　中濱健治
ＤＴＰ　株式会社　さくら工芸社
印　刷　株式会社　加藤文明社印刷所
製本所　株式会社　村上製本所

JCOPY〈(社)出版者著作権管理機構　委託出版物〉
本書の無断複写は著作権法上での例外を除き禁じられています。
複写される場合は，そのつど事前に，(社)出版者著作権管理機構
（電話 03-3513-6969，FAX 03-3513-6979，e-mail：info@jcopy.or.jp）
の許諾を得てください。

乱丁・落丁本の場合はお取り替えいたします。
定価はカバーに表示してあります。
ISBN978-4-8100-2620-7　C3337

クラスで，学年で，全校で行う人間関係力の育成

10分でできる なかよしスキルタイム 35

どの学年でもできるエンカウンターとソーシャルスキル

B5判，120ページ　本体2,200円

監修：國分康孝（東京成徳大学名誉教授），**國分久子**（青森明の星短期大学客員教授）
著者：水上和夫（スクールカウンセラー，富山県教育カウンセラー協会代表）

●毎月の生活目標や学校行事とタイアップさせて体験学習する全35週分の指導案集。
●子どものコミュニケーションと対人関係を改善する10分完結のプログラム。

「なかよしスキルタイム35」年間指導プログラム

4月　出会いの楽しさを味わう
①あいこジャンケンひたすらジャンケン／②質問ジャンケン

5月　気持ちのよいあいさつをする
③おはようジャンケン／④さよならジャンケン／⑤目と目のあいさつ

6月　かかわる楽しさを味わう
⑥○○（担任名）先生ウォッチング／⑦あなたの好きなものは何？／⑧あなたの得意なこと，できることは何？／⑨バースディ・ライン（誕生日の順に並ぼう）

7月　1学期を振り返る
⑩○年○組　1学期　ここが最高！／⑪1学期にがんばったこと（質問ジャンケン）

9月　つながる楽しさを味わう
⑫あいさつのキャッチボールをしよう　パートⅠ／⑬あいさつのキャッチボールをしよう　パートⅡ／⑭「いーれて」／⑮「一緒に遊ぼう！」

10月　みんなで盛り上げよう
⑯私の学習発表会のめあて・「できる！できる！」／⑰がんばれジャンケン／⑱私が学習発表会でがんばったこと

11月　互いのことをもっと知る
⑲私の好きな季節／⑳私の好きな教科（質問ジャンケン）／㉑私の好きなテレビ番組（質問ジャンケン）／㉒私の名前の秘密／㉓好きなのはどっち

12月　ありがとう名人になる
㉔ありがとうジャンケン／㉕伝われ！私の「ありがとう」／㉖2学期のあなたに「ありがとう」

1月　家庭学習名人になる
㉗家庭学習で困っていること／㉘「どんな勉強した？」ジャンケン／㉙宿題でがんばっていること

2月　温かい言葉遣い名人になる
㉚フワフワ言葉ジャンケン「どうしたの？大丈夫？」／㉛さん・君ジャンケン／㉜私の得意なフワフワ言葉／㉝ホットな「おはよう」

3月　今年の成長を振り返る
㉞○○さん（君）のよいところ／㉟□□さん（君）のがんばりに拍手

図書文化

※定価には別途消費税がかかります

小学生のスタディスキル

「学び方」がわかれば，学校はもっと楽しくなる

安藤壽子(あんどうひさこ)（お茶の水女子大学教授）編著
冢田三枝子(つかだみえこ)・**伴 英子**(ばんえいこ) 著

B5判 128頁
本体2,200円

「先生の話の聞き方」「ノートのとり方」「感想文の書き方」など，小学校低学年で身につけたい「学び方」の基本がこの1冊で。

本書の特徴

① 育てたい力と学習指導要領の関連を示しました。
② 子どもの認知的な特徴に配慮し，発達障害のある子どもの学習支援に役立つようにしました。
③ 生活の中でできるワンポイントアドバイスを収録。学校と家庭でできるユニバーサルな学習支援です。

スキル一覧（本書第3章より）

1. 先生の話を聞く
2. 見通しをもって生活する
3. 今日の目当てをもつ
4. 朝の会の司会をする
5. ショートスピーチをする
6. 学校生活に必要な言葉
7. 文字を読む
8. 音読をする
9. あらすじをつかむ
10. 鉛筆で書く
11. ひらがなを書く
12. 漢字を書く
13. 作文を書く
14. 感想文を書く
15. ノートを使う
16. 数のまとまり
17. くりあがり
18. 倍の考え方
19. かけ算九九
20. 時計を読む
21. 形を見分ける
22. 定規を使う
23. 位置を表す
24. テストを受ける
25. ボディイメージ
26. 体を動かす
27. なわとびを跳ぶ
28. ルールのある遊び
29. 運動ゲーム
30. はさみ・のりを使う
31. 観察記録を書く
32. 絵を描く
33. グループ活動をする
34. メモを書く
35. 整理整頓をする
36. 当番活動をする
37. 時間を上手に使う
38. 家庭学習をする
39. 宿題をする
40. 明日の準備をする

図書文化

※定価には別途消費税がかかります

学校現場のための「子どもが変わる生徒指導」。
心に響き，子どもが自ら問題を乗り越えるために—

育てるカウンセリングによる 教室課題対応全書 全11巻

監修 國分康孝・國分久子

A5判／約208頁　本体各1,900円＋税
全11巻セット価格20,900円＋税

3つの特色
「見てすぐできる実践多数」
「必要なところだけ読める」
「ピンチをチャンスに変える」

① **サインを発している学級**　編集　品田笑子・田島聡・齊藤優
サインをどう読み取り、どう対応するか、早期発見と早期対応。

② **学級クライシス**　編集　河村茂雄・大友秀人・藤村一夫
学級クライシスは通常とは違う対応を要する。再建のための原理と進め方。

③ **非行・反社会的な問題行動**　編集　藤川章・押切久遠・鹿嶋真弓
学校や教師に対する反抗、校則指導、性非行等、苦慮する問題への対応。

④ **非社会的な問題行動**　編集　諸富祥彦・中村道子・山崎久美子
拒食、自殺企図、引きこもり等、自分の価値を確信できない子への対応。

⑤ **いじめ**　編集　米田薫・岸田幸弘・八巻寛治
いじめを断固阻止し、ピンチをチャンスに変えるための手順・考え方・対策。

⑥ **不登校**　編集　片野智治・明里康弘・植草伸之
「無理をせずに休ませた方がいい」のか、新しい不登校対応。

⑦ **教室で気になる子**　編集　吉田隆江・森田勇・吉澤克彦
無気力な子、反抗的な子等、気になる子の早期発見と対応の具体策。

⑧ **学習に苦戦する子**　編集　石隈利紀・朝日朋子・曽山和彦
勉強に苦戦している子は多い。苦戦要因に働きかけ、援助を進めていく方策。

⑨ **教室で行う特別支援教育**　編集　月森久江・朝日滋也・岸田優代
LDやADHD、高機能自閉症などの軽度発達障害の子にどう対応するか。

⑩ **保護者との対応**　編集　岡田弘・加勇田修士・佐藤節子
協力の求め方,苦情への対応等、保護者との教育的な関係づくりの秘訣。

⑪ **困難を乗り越える学校**　編集　佐藤勝男・水上和夫・石黒康夫
チーム支援が求められる現在、教師集団が困難を乗り越えていく方法。

図書文化

※定価には別途消費税がかかります

構成的グループエンカウンターの本

必読の基本図書

構成的グループエンカウンター事典
國分康孝・國分久子総編集　Ａ５判　**本体：6,000円＋税**

教師のためのエンカウンター入門
片野智治著　Ａ５判　**本体：1,000円＋税**

自分と向き合う！究極のエンカウンター
國分康孝・國分久子編著　Ｂ６判　**本体：1,800円＋税**

エンカウンターとは何か　教師が学校で生かすために
國分康孝ほか共著　Ｂ６判　**本体：1,600円＋税**

エンカウンター スキルアップ　ホンネで語る「リーダーブック」
國分康孝ほか編　Ｂ６判　**本体：1,800円＋税**

目的に応じたエンカウンターの活用

エンカウンターで保護者会が変わる　小学校編・中学校編
國分康孝・國分久子監修　Ｂ５判　**本体：各2,200円＋税**

エンカウンターで不登校対応が変わる
國分康孝・國分久子監修　Ｂ５判　**本体：2,400円＋税**

エンカウンターで進路指導が変わる
片野智治編集代表　Ｂ５判　**本体：2,700円＋税**

エンカウンターで学級づくりスタートダッシュ　小学校編・中学校編
諸富祥彦ほか編著　Ｂ５判　**本体：各2,300円＋税**

エンカウンター　こんなときこうする！小学校編・中学校編
諸富祥彦ほか編著　Ｂ５判　**本体：各2,000円＋税**　ヒントいっぱいの実践記録集

どんな学級にも使えるエンカウンター20選・中学校
國分康孝・國分久子監修　明里康弘著　Ｂ５判　**本体：2,000円＋税**

どの先生もうまくいくエンカウンター20のコツ
國分康孝・國分久子監修　明里康弘著　Ａ５判　**本体：1,600円＋税**

多彩なエクササイズ集

エンカウンターで学級が変わる　小学校編　中学校編　Part1～3
國分康孝監修　全3冊　Ｂ５判　**本体：各2,500円＋税**　Part1のみ**本体：各2,233円＋税**

エンカウンターで学級が変わる　高等学校編
國分康孝監修　Ｂ５判　**本体：2,800円＋税**

エンカウンターで学級が変わる　ショートエクササイズ集　Part1～2
國分康孝監修　Ｂ５判　**本体：①2,500円＋税　②2,300円＋税**

図書文化

※定価には別途消費税がかかります

河村茂雄の学級経営

● Q-U を知る

学級づくりのためのQ-U入門
A5判　本体1,200円

●学級経営の1年間の流れ

Q-U式学級づくり　満足型学級育成の12か月
小学校（低学年／中学年／高学年）・中学校
B5判　本体各2,000円

シリーズ 事例に学ぶQ-U式学級集団づくりのエッセンス
集団の発達を促す学級経営
小学校（低／中／高）・中学校・高校
B5判　本体2,400~2,800円

●社会的スキルの育成

いま子どもたちに育てたい 学級ソーシャルスキル
小学校（低学年／中学年／高学年）・中学校

B5判　本体各2,400円（中学のみ2,600円）
CD-ROM版（Windows）　本体各2,000円
※ CD-ROM版には，書籍版の2～4章（実践編：掲示用イラストとワークシート）がデータで収録されています。

●学級タイプに応じる最適の授業

授業づくりのゼロ段階
[Q-U式学級づくり入門]
A5判　本体1,200円

授業スキル
小学校編・中学校編
B5判　本体各2,300円

●リサーチからの提言

学級集団づくりのゼロ段階
[Q-U式学級集団づくり入門]
A5判　本体1,400円

データが語る
①学校の課題
②子どもの実態
③家庭・地域の課題
A5判　本体各1,400円

公立学校の挑戦
小学校編・中学校編
A5判　本体各1,800円

教育委員会の挑戦
A5判　本体2,000円

●教育テーマ別

ここがポイント 学級担任の特別支援教育
B5判　本体2,200円

学級崩壊 予防・回復マニュアル
B5判　本体2,300円

●実践研究のアウトプット

実証性のある 校内研究の進め方・まとめ方
A5判　本体2,000円

●学級経営の体系的理解

日本の学級集団と学級経営
A5判　本体2,400円

図書文化

※定価には別途消費税がかかります。